Sekutu Umat Manusia

◆

BUKU SATU

Sekutu Umat Manusia

◆

BUKU SATU

◆

PESAN PENTING

Tentang Kehadiran Makhluk Ruang Angkasa di Dunia Hari Ini

Marshall Vian Summers

PENULIS

LANGKAH-LANGKAH MENUJU PENGETAHUAN:
Kitab Mengetahui Batin

THE ALLIES OF HUMANITY BOOK ONE: An Urgent Message About the Extraterrestrial Presence in the World Today

Penyunting: Darlene Mitchell

Desain Buku: Argent Associates, Boulder, CO

Seni sampul oleh Reed Novar Summers

> "Bagi saya, gambar sampul ini mewakili kita di Bumi dengan bola hitam yang melambangkan kehadiran alien di dunia saat ini dan cahaya di belakangnya menyingkap kehadiran tak kasat mata ini kepada kita. Bintang yang menerangi Bumi mewakili Sekutu Umat Manusia yang memberi kita suatu pesan baru dan perspektif baru tentang hubungan Bumi dengan Komunitas Besar."

ISBN: 978-1-884238-45-1 *THE ALLIES OF HUMANITY BOOK ONE: An Urgent Message about the Extraterrestrial Presence in the World Today*

NKL POD Version 4.5

Library of Congress Control Number: 2001 130786

Ini adalah edisi kedua *The Allies of Humanity Book One*.

PUBLISHER'S CATALOGING-IN-PUBLICATION

Summers, Marshall.
The allies of humanity book one: an urgent message about the extraterrestrial presence in the world today / M.V. Summers
p. cm.
978-1-884238-45-1 (English print) 001.942
978-1-942293-86-6 (Indonesian print)
978-1-884238-46-8 (English ebook)
978-1-942293-87-3 (Indonesian ebook)
QB101-700606

Buku-buku New Knowledge Library diterbitkan oleh Society for The Greater Community Way of Knowledge. Society adalah organisasi nirlaba yang didedikasikan untuk menghadirkan The Greater Community Way of Knowledge.

Untuk menerima informasi tentang rekaman audio, program dan layanan pendidikan, silakan kunjungi The Society di web seluruh dunia atau tertulis:

THE SOCIETY FOR THE GREATER COMMUNITY WAY OF KNOWLEDGE
P.O. Box 1724 • Boulder, CO 80306-1724 • (303) 938-8401
society@newmessage.org

www.alliesofhumanity.org/id www.pesanbaru.org

Didedikasikan untuk gerakan-gerakan kebebasan besar

Dalam sejarah dunia kita —

Baik yang diketahui maupun yang tidak diketahui.

DAFTAR ISI

Empat pertanyaan fundamental tentang kehadiran makhluk luar angkasa di dunia hari ini:

Apakah yang terjadi?

Mengapakah terjadi?

Apakah artinya?

Bagaimanakah kita dapat mempersiapkan?

KATA PENGANTAR

Tidaklah biasa menemukan sebuah buku yang mengubah kehidupan seseorang, tetapi jauh lebih luar biasa untuk menemukan sebuah karya yang memiliki potensi untuk berdampak pada sejarah manusia.

Hampir empat puluh tahun yang lalu, sebelum adanya gerakan lingkungan hidup, seorang wanita pemberani menulis sebuah buku yang sangat provokatif dan kontroversial yang mengubah jalannya sejarah. Silent Spring karangan Rachel Carson membangkitkan kesadaran dunia akan bahaya pencemaran lingkungan hidup dan menyulut respons aktivis yang bertahan hingga hari ini. Di antara yang pertama yang secara terbuka menyatakan bahwa penggunaan pestisida dan racun kimia adalah ancaman bagi semua kehidupan, Carson diejek dan difitnah pada awalnya, bahkan oleh banyak rekan-rekannya, tetapi pada akhirnya dianggap sebagai salah satu suara terpenting di abad ke-20. Silent Spring umumnya masih dianggap sebagai batu pertama dari kepedulian lingkungan.

Hari ini, sebelum adanya kesadaran publik yang lazim tentang serangan makhluk luar angkasa yang sedang berlangsung di tengah-tengah kita, seorang lelaki pemberani yang serupa — seorang guru spiritual yang

sebelumnya tersembunyi — tampil ke depan dengan membawa komunike yang luar biasa dan menggelisahkan dari luar lingkup planet kita. Dengan *Sekutu Umat Manusia*, Marshall Vian Summers adalah pemimpin spiritual pertama di zaman kita yang dengan tegas menyatakan bahwa kehadiran tanpa izin dan tindak tanduk rahasia para "pengunjung" luar angkasa kita merupakan ancaman mendasar terhadap kemerdekaan manusia.

Sementara pada awalnya Summers pasti akan menghadapi cemoohan dan penghinaan, seperti halnya Carson, beliau pada akhirnya mungkin dapat diakui sebagai salah satu suara terpenting di dunia di bidang kecerdasan luar angkasa, spiritualitas manusia, dan evolusi kesadaran. Demikian juga, *Sekutu Umat Manusia* dapat terbukti sangat penting dalam menjamin masa depan spesies kita — tidak hanya membangunkan kita terhadap tantangan besar invasi alien yang diam-diam, tetapi juga memicu gerakan perlawanan dan pemberdayaan yang belum pernah terjadi sebelumnya.

Meskipun asal usul materi yang sangat kontroversial ini mungkin bermasalah bagi sebagian orang, perspektif yang digambarkannya dan pesan mendesak yang disampaikannya menuntut pertimbangan dan respons tegas kita yang terdalam. Di sini kita sangat jelas dihadapkan dengan pernyataan bahwa meningkatnya penampakan UFO dan fenomena terkait lainnya merupakan gejala yang tidak kurang dari intervensi halus yang sampai saat ini tanpa perlawanan oleh kekuatan luar angkasa yang berusaha mengeksploitasi sumber daya Bumi sepenuhnya demi keuntungan mereka sendiri.

Bagaimanakah kita merespons dengan tepat klaim yang menggelisahkan dan keterlaluan seperti ini? Haruskah kita mengabaikannya atau menyingkirkannya begitu saja, seperti yang dilakukan oleh banyak penentang Carson? Atau haruskah kita menyelidiki dan berusaha memahami apa persisnya yang ditawarkan di sini?

Jika kita memilih untuk menyelidiki dan memahami, inilah yang akan kita temukan: Tinjauan menyeluruh dari beberapa dekade terakhir tentang pencarian di seluruh dunia ke dalam aktivitas UFO dan fenomena lainnya yang tampaknya berasal dari luar angkasa (misalnya, penculikan dan implan alien, mutilasi hewan, dan bahkan "kesurupan" psikologis) yang memberikan banyak bukti terhadap perspektif dari Sekutu. Sesungguhnya informasi yang terkandung dalam wacana Sekutu sangat mengklarifikasi masalah-masalah yang selama bertahun-tahun telah membingungkan para peneliti, memberikan penjelasan pada banyak bukti yang misterius namun konstan.

Setelah kita menyelidiki materi ini dan puas bahwa pesan Sekutu tidak hanya masuk akal tetapi juga menarik, lalu bagaimana? Pertimbangan kita tentunya akan mengarah pada kesimpulan yang tak dapat dihindari bahwa kesulitan kita hari ini sangat mirip dengan serangan "peradaban" Eropa ke Amerika yang dimulai pada abad ke-15, ketika masyarakat pribumi tidak dapat memahami dan cukup merespons kerumitan dan bahaya dari kekuatan-kekuatan yang mengunjungi pantai mereka. Para "pengunjung" datang dengan mengatasnamakan Tuhan, dengan memperlihatkan teknologi yang mengesankan dan mengaku menawarkan cara hidup yang lebih maju dan lebih beradab.

(Penting diingat bahwa penjajah Eropa bukanlah "penjelmaan jahat" tetapi hanya oportunis, meninggalkan warisan kehancuran yang tidak disengaja.)

Inilah intinya: Pelanggaran radikal dan berskala luas terhadap kebebasan fundamental yang kemudian dialami Penduduk Asli Amerika — termasuk pembunuhan populasi mereka yang cepat — bukan hanya merupakan tragedi manusia yang monumental, tetapi juga objek pelajaran yang kuat untuk situasi kita saat ini. Kali ini, kita semua adalah masyarakat asli dari satu dunia ini, dan kecuali apabila kita secara kolektif dapat membangkitkan respons yang lebih kreatif dan bersatu, kita mungkin mengalami nasib yang sama. Inilah persisnya kesadaran yang dipercepat oleh Sekutu Umat Manusia.

Namun, ini adalah buku yang dapat mengubah hidup, karena pesannya menggerakkan panggilan batin yang dalam yang mengingatkan kita akan tujuan kita untuk hidup pada momen ini dalam sejarah manusia dan membawa kita berhadapan muka dengan tak lain dari takdir kita. Di sini kita dihadapkan dengan kenyataan yang paling tidak nyaman: Masa depan umat manusia mungkin sangat bergantung pada bagaimana kita merepons pesan ini.

Sementara *Sekutu Umat Manusia* memberikan peringatan mendalam, pesannya tidak menghasut rasa takut atau malapetaka. Sebaliknya, pesannya menawarkan harapan luar biasa terhadap situasi yang sekarang paling berbahaya dan sulit. Tujuannya yang jelas adalah untuk melestarikan dan memberdayakan kemerdekaan manusia, dan untuk mengkatalisasi respons pribadi dan kolektif terhadap intervensi alien.

Dengan tepat, Rachel Carson sendiri pernah memprediksi masalah yang menghambat kemampuan kita untuk merespons krisis saat ini: "Kita masih belum cukup dewasa," katanya, "untuk menganggap diri kita hanya bagian yang sangat kecil dari alam semesta yang luas dan luar biasa." Jelas, kita telah lama membutuhkan pemahaman baru tentang diri kita sendiri, tentang tempat kita di kosmos, dan tentang kehidupan di Komunitas Besar (alam semesta fisik dan spiritual yang lebih besar ke dalam mana kita sekarang muncul). Untungnya, *Sekutu Umat Manusia* berfungsi sebagai pintu gerbang ke dalam tubuh ajaran dan praktik spiritual substansial yang mengejutkan yang berjanji untuk menanamkan kematangan spesies yang diperlukan dengan perspektif yang tidak terpaku pada bumi atau berpusat pada manusia, melainkan berakar pada tradisi yang lebih tua, lebih dalam dan lebih universal.

Pada akhirnya, pesan dari *Sekutu Umat Manusia* menantang hampir semua gagasan fundamental kita tentang realitas, sekaligus memberi kita peluang terbesar kita demi kemajuan dan tantangan terbesar kita demi bertahan hidup. Sementara krisis saat ini mengancam kedaulatan kita sebagai satu spesies, krisis ini juga dapat memberikan fondasi yang sangat dibutuhkan untuk membawa persatuan pada ras manusia — hal yang nyaris mustahil tanpa konteks yang lebih luas ini. Dengan perspektif yang ditawarkan dalam *Sekutu Umat Manusia* dan kumpulan ajaran yang lebih besar yang disajikan oleh Summers, kita diberikan imperatif dan inspirasi untuk bergabung bersama dalam pemahaman yang lebih dalam demi melayani kelanjutan evolusi umat manusia.

◆

Dalam laporannya untuk ulasan Time Magazine tentang 100 suara yang paling berpengaruh di abad ke-20, Peter Matthiessen menulis tentang Rachel Carson, "Sebelum ada gerakan lingkungan hidup, ada satu wanita pemberani dan bukunya yang sangat berani." Beberapa tahun dari sekarang, kita mungkin dapat mengatakan hal yang sama tentang Marshall Vian Summers: Sebelum ada gerakan kemerdekaan manusia untuk melawan Intervensi makhluk luar angkasa, ada satu pria pemberani dan pesannya yang sangat berani, *Sekutu Umat Manusia*. Kali ini, semoga respons kita lebih cepat, lebih tegas, dan lebih bersatu.

— Michael Brownlee
Wartawan

Sekutu Umat Manusia sedang disajikan untuk mempersiapkan orang-orang untuk suatu realitas baru yang sebagian besar tersembunyi dan tidak dikenal di dunia saat ini. Ini memberikan perspektif baru yang memberdayakan orang-orang untuk menghadapi tantangan dan peluang terbesar yang kita, sebagai satu ras, pernah temui. Pengarahan Sekutu mengandung sejumlah pernyataan kritis jika tidak mengkhawatirkan tentang meningkatnya intervensi dan integrasi luar angkasa ke dalam ras manusia dan tentang aktivitas dan agenda tersembunyi luar angkasa. Tujuan dari Pengarahan Sekutu bukan untuk memberikan bukti nyata tentang realitas kunjungan luar angkasa ke dunia kita, yang sudah didokumentasikan dengan baik di banyak buku bagus dan jurnal penelitian tentang masalah ini. Tujuan dari Pengarahan Sekutu adalah untuk membahas implikasi penting dan meluas dari fenomena ini, untuk menantang kecenderungan dan asumsi manusia kita mengenai hal ini, dan agar keluarga manusia waspada terhadap ambang batas besar yang kita hadapi sekarang. Pengarahan ini melihat sekilas ke dalam realitas kehidupan berakal di alam semesta dan apa arti sesungguhnya dari Kontak. Bagi banyak

pembaca, apa yang diungkapkan dalam *Sekutu Umat Manusia* akan sepenuhnya baru. Bagi yang lain, ini akan menjadi konfirmasi dari hal-hal yang telah lama mereka rasakan dan ketahui.

Meskipun buku ini memberikan pesan yang mendesak, ini juga adalah tentang bergerak menuju kesadaran yang lebih tinggi yang disebut "Pengetahuan," yang termasuk kemampuan telepati yang lebih besar antar orang-orang dan antar ras. Sehubungan dengan ini, Pengarahan Sekutu dikirimkan kepada penulis dari sekelompok individu multi-ras, luar angkasa yang menyebut diri mereka "Sekutu Umat Manusia." Mereka menggambarkan diri mereka sebagai makhluk fisik dari dunia-dunia lain yang telah berkumpul di tata surya kita di dekat Bumi demi tujuan mengamati komunikasi dan aktivitas ras alien yang berada di dunia kita ini yang campur tangan dalam urusan manusia. Mereka menekankan bahwa mereka sendiri tidak secara fisik hadir di dunia kita dan sedang memberikan kearifan yang dibutuhkan, bukan teknologi atau campur tangan.

Pengarahan Sekutu diberikan kepada penulis selama periode satu tahun. Hal ini menawarkan perspektif dan visi ke dalam suatu subjek yang rumit, yang meskipun sudah puluhan tahun menumpuknya bukti, terus membingungkan para peneliti. Namun perspektif ini tidak romantis, spekulatif atau idealis dalam pendekatannya terhadap subjek ini. Sebaliknya, ini sangat realistis dan tanpa kompromi sampai ke titik di mana hal ini mungkin cukup menantang, bahkan bagi pembaca yang fasih dalam subjek ini.

Karena itu, untuk menerima apa yang ditawarkan buku ini Anda harus menangguhkan, setidaknya untuk sesaat, banyak kepercayaan, asumsi, dan pertanyaan yang mungkin Anda miliki tentang Kontak luar angkasa dan bahkan tentang bagaimana buku ini telah diterima. Isi buku ini seperti pesan dalam botol yang dikirim ke sini dari luar dunia. Maka, kita seharusnya tidak begitu peduli tentang botolnya tetapi tentang pesan itu sendiri.

Untuk benar-benar memahami pesan yang menantang ini, kita harus menghadapi dan mempertanyakan banyak asumsi dan kecenderungan yang berlaku mengenai kemungkinan dan realitas dari Kontak. Ini termasuk:

- penyangkalan;
- antisipasi penuh harapan;
- salah menafsirkan bukti untuk menegaskan kepercayaan kita;
- menginginkan dan mengharapkan penyelamatan dari para "pengunjung";
- percaya bahwa teknologi luar angkasa akan menyelamatkan kita;
- merasa tak berdaya dan tunduk pada apa yang kita asumsikan sebagai kekuatan superior;
- menuntut penyingkapan pemerintah tetapi tidak penyingkapan luar angkasa;
- mengutuk para pemimpin dan institusi manusia sambil tetap menerima para "pengunjung" tanpa mempertanyakan;

– mengasumsikan bahwa karena mereka belum menyerang atau menyerbu kita, maka tentunya mereka berada di sini demi kebaikan kita;
– mengasumsikan bahwa teknologi maju sama dengan etika dan spiritualitas maju;
– mempercayai bahwa fenomena ini adalah sebuah misteri padahal sebenarnya ini adalah peristiwa yang dapat dipahami;
– mempercayai bahwa makhluk luar angkasa secara tertentu memiliki hak atas umat manusia dan atas planet ini;
– dan mempercayai bahwa umat manusia tidak dapat ditebus dan tidak dapat berhasil secara mandiri.

Pengarahan Sekutu menantang asumsi-asumsi dan kecenderungan seperti itu dan menghancurkan banyak mitos yang saat ini kita miliki tentang siapa yang mengunjungi kita dan mengapa mereka ada di sini.

Pengarahan Sekutu Umat Manusia memberi kita perspektif yang lebih besar dan pemahaman yang lebih dalam tentang takdir kita dalam panorama kehidupan berakal yang lebih besar di alam semesta. Agar ini dapat tercapai, Sekutu tidak berbicara kepada pikiran analitis kita tetapi kepada Pengetahuan, bagian yang lebih dalam dari keberadaan kita di mana kebenaran, betapapun keruhnya, dapat langsung dicamkan dan dialami.

Sekutu Umat Manusia Buku Satu akan menimbulkan banyak pertanyaan, yang akan membutuhkan eksplorasi dan kontemplasi lebih lanjut. Fokusnya bukan untuk memberikan nama-nama, tanggal dan tempat, tetapi untuk memberikan perspektif tentang kehadiran luar angkasa di dunia dan tentang kehidupan di alam semesta yang kita sebagai manusia tidak bisa dapatkan. Sementara masih hidup dalam keterasingan di permukaan dunia kita, kita belum dapat melihat dan mengetahui apa yang terjadi terkait kehidupan berakal di luar perbatasan kita. Untuk itu kita butuh bantuan, bantuan yang sangat luar biasa. Kita mungkin tidak mengenali atau menerima bantuan semacam ini pada awalnya. Namun bantuan tersebut ada di sini.

Tujuan yang dinyatakan Sekutu adalah untuk memperingatkan kita tentang risiko muncul ke dalam Komunitas Besar penuh kehidupan berakal dan untuk membantu kita berhasil melewati ambang besar ini sedemikian rupa sehingga kemerdekaan, kedaulatan, dan penentuan nasib sendiri manusia dapat dilestarikan. Sekutu berada di sini untuk menasihati kita tentang perlunya umat manusia menetapkan "Aturan Keterlibatan" kita sendiri selama masa yang belum pernah kita alami ini. Menurut Sekutu, jika kita arif, siap dan bersatu, maka kita akan dapat mengambil tempat kita yang sudah ditakdirkan sebagai ras yang dewasa dan merdeka di Komunitas Besar.

◆

Selama jangka waktu urutan pengarahan ini terjadi, Sekutu mengulangi gagasan-gagasan kunci tertentu yang mereka rasa penting bagi pemahaman kita. Kami telah mempertahankan pengulangan ini di dalam buku untuk menjaga niat dan integritas komunikasi mereka. Karena sifat mendesak dari pesan Sekutu ini dan karena kekuatan-kekuatan di dunia yang akan menentang pesan ini, ada kearifan dan keharusan dalam pengulangan ini.

Menyusul penerbitan Buku *Sekutu Umat Manusia Buku Satu* pada tahun 2001, Sekutu memberikan set Pengarahan kedua untuk melengkapi pesan vital mereka kepada umat manusia. *Sekutu Umat Manusia Buku Dua,* yang diterbitkan pada tahun 2005, menyajikan informasi baru yang mengejutkan tentang interaksi antar ras di alam semesta lokal kita dan tentang sifat, tujuan, dan aktivitas paling tersembunyi oleh ras-ras yang campur tangan dalam urusan manusia. Berkat para pembaca yang merasakan urgensi pesan Sekutu dan menerjemahkan Pengarahan ke dalam bahasa lain, tumbuh kesadaran di seluruh dunia yang semakin luas tentang realitas Intervensi.

Kami di New Knowledge Library menganggap bahwa dua set Pengarahan ini mengandung apa yang mungkin menjadi salah satu pesan terpenting yang sedang dikomunikasikan di dunia saat ini. *Sekutu Umat Manusia* bukan hanya satu lagi buku yang berspekulasi tentang fenomena UFO / luar angkasa. Ini adalah pesan perubahan asli yang diarahkan langsung pada tujuan yang mendasari Intervensi alien agar membangkitkan kesadaran bahwa kita akan harus menghadapi tantangan dan peluang yang ada di depan.

—NEW KNOWLEDGE LIBRARY

Siapakah Sekutu Umat Manusia?

Sekutu melayani umat manusia karena mereka melayani reklamasi dan ekspresi Pengetahuan di mana-mana di Komunitas Besar. Mereka mewakili kaum arif di banyak dunia yang mendukung tujuan hidup yang lebih besar. Bersama-sama mereka berbagi Pengetahuan dan Kearifan yang lebih besar yang dapat ditransfer melintasi jarak ruang yang luas dan melintasi semua batasan ras, budaya, temperamen, dan lingkungan. Kearifan mereka meresap. Ketrampilan mereka luar biasa. Kehadiran mereka tersembunyi. Mereka mengenali Anda karena mereka menyadari bahwa Anda adalah ras yang sedang muncul, muncul ke dalam lingkungan yang sangat sulit dan kompetitif di Komunitas Besar.

◆

SPIRITUALITAS KOMUNITAS BESAR

Bab 15: Siapakah yang Melayani Umat Manusia?

...Lebih dari dua puluh tahun yang lalu, sekelompok individu dari beberapa dunia yang berbeda berkumpul di lokasi rahasia di tata surya kita dekat Bumi demi tujuan mengamati Intervensi alien yang terjadi di dunia kita. Dari sudut pandang tersembunyi mereka, mereka dapat menentukan identitas, organisasi, dan niat ras-ras yang mengunjungi dunia kita dan memantau aktivitas para pengunjung.

Kelompok pengamat ini menyebut diri mereka "Sekutu Umat Manusia".

Ini laporan mereka.

Pengarahan

◆

PENGARAHAN PERTAMA

Kehadiran Makhluk Luar Angkasa di Dunia Hari ini

Merupakan suatu kehormatan besar bagi kami untuk dapat menyajikan informasi ini kepada Anda semua yang cukup beruntung untuk mendengar pesan ini. Kami adalah Sekutu Umat Manusia. Transmisi ini dimungkinkan oleh hadirat Kaum Tak Terlihat, para penasihat spiritual yang mengawasi perkembangan kehidupan berakal baik di dalam dunia Anda maupun di seluruh Komunitas Besar Dunia-Dunia.

Kami tidak berkomunikasi melalui peralatan mekanis apapun, melainkan melalui saluran spiritual yang bebas dari gangguan. Meskipun kami hidup di alam fisik, seperti halnya Anda, kami diberi keistimewaan untuk berkomunikasi dengan cara ini untuk menyampaikan informasi yang harus kami bagikan dengan Anda.

Kami mewakili satu kelompok kecil yang sedang mengamati peristiwa-peristiwa di dunia Anda. Kami berasal dari Komunitas Besar. Kami tidak turut campur

dalam urusan manusia. Kami tidak memiliki pembangunan di sini. Kami telah dikirim demi suatu tujuan yang sangat spesifik — untuk menyaksikan peristiwa-peristiwa yang terjadi di dunia Anda dan, jika ada kesempatan, untuk menyampaikan kepada Anda apa yang kami lihat dan apa yang kami ketahui. Karena Anda hidup di permukaan dunia Anda dan tidak dapat melihat urusan-urusan yang mengelilinginya. Anda juga tidak dapat melihat dengan jelas kunjungan yang terjadi di dunia Anda pada saat ini atau apa tandanya bagi masa depan Anda.

Kami ingin memberikan kesaksian mengenai hal ini. Kami melakukannya atas permintaan Kaum Tak Terlihat, karena kami telah dikirim demi tujuan ini. Informasi yang akan kami sampaikan kepada Anda mungkin tampak sangat menantang dan mengejutkan. Mungkin tak terduga oleh banyak orang yang akan mendengar pesan ini. Kami memahami kesulitan ini, karena kami telah harus menghadapinya dalam budaya-budaya kami sendiri.

Saat Anda mendengar informasi ini, mungkin akan sulit untuk diterima pada awalnya, namun hal ini sangat penting bagi semua orang yang ingin memberikan kontribusi di dunia.

Selama bertahun-tahun kami telah mengamati urusan-urusan dunia Anda. Kami tidak menginginkan hubungan dengan umat manusia. Kami tidak berada di sini dalam misi diplomatik. Kami telah dikirim oleh Kaum Tak Terlihat untuk tinggal di dekat dunia Anda demi mengamati peristiwa-peristiwa yang akan kami gambarkan.

Nama-nama kami tidak penting. Nama-nama kami tidak akan ada artinya bagi Anda. Dan kami tidak akan memberikannya demi keselamatan kami sendiri, karena kami harus tetap tersembunyi agar kami dapat melayani.

Pertama-tama, perlu bagi orang-orang di mana-mana untuk memahami bahwa umat manusia sedang muncul ke dalam sebuah Komunitas Besar kehidupan berakal. Dunia Anda sedang "dikunjungi" oleh beberapa ras asing dan oleh beberapa organisasi ras-ras yang berbeda. Ini telah berlangsung secara aktif selama beberapa waktu. Telah ada kunjungan-kunjungan sepanjang sejarah manusia, tetapi tidak ada yang sebesar ini. Munculnya senjata nuklir dan penghancuran dunia alami Anda telah membawa kekuatan-kekuatan ini ke perbatasan Anda.

Kami memahami bahwa ada banyak orang di dunia saat ini yang mulai menyadari bahwa hal ini sedang terjadi. Dan kami memahami juga bahwa ada banyak interpretasi mengenai kunjungan ini — apa kemungkinan artinya dan apa kemungkinan yang dapat ditawarkannya. Dan banyak dari orang-orang yang menyadari hal-hal ini sangat berharap dan mengantisipasi manfaat yang besar bagi umat manusia. Kami mengerti. Adalah wajar untuk mengharapkan ini. Adalah wajar untuk berharap.

Kunjungan di dunia Anda sekarang sangat luas, sedemikian rupa sehingga orang-orang di seluruh belahan dunia menyaksikannya dan merasakan dampaknya secara langsung. Apa yang telah membawa "pengunjung-pengunjung" dari Komunitas Besar ini, organisasi yang berbeda-beda dari makhluk-makhluk ini, bukanlah untuk mengangkat kemajuan umat manusia atau pendidikan spiritual umat manusia. Apa yang telah membawa kekuatan-kekuatan ini ke perbatasan Anda dalam jumlah seperti itu dengan niat seperti itu adalah sumber daya dunia Anda.

Kami memahami bahwa hal ini mungkin sulit diterima pada awalnya karena Anda belum dapat menghargai betapa indahnya dunia Anda, betapa banyak yang dimilikinya dan betapa merupakan permata langka di Komunitas Besar penuh dunia-dunia tandus dan ruang kosong. Dunia semacam milik Anda sungguh langka. Sebagian besar tempat di Komunitas Besar yang dihuni sekarang telah diduduki, dan teknologi telah memungkinkan hal ini terjadi. Tetapi dunia semacam milik Anda di mana kehidupan telah berevolusi secara alami, tanpa bantuan teknologi, jauh lebih langka daripada yang mungkin Anda sadari. Ras-ras lain memperhatikan hal ini, tentu saja, karena sumber daya biologis dunia Anda telah digunakan oleh beberapa ras selama ribuan tahun. Dunia Anda dianggap sebagai gudang penyimpanan oleh beberapa ras. Namun perkembangan budaya manusia dan senjata berbahaya dan penurunan sumber daya ini telah menyebabkan Intervensi asing.

Anda mungkin bertanya-tanya mengapa upaya diplomatik tidak didirikan untuk menghubungi para pemimpin umat manusia. Hal ini pantas untuk ditanyakan, tetapi kesulitannya di sini adalah bahwa tidak ada yang mewakili umat manusia, karena masyarakat Anda terbagi, dan bangsa-bangsa Anda saling bertentangan. Juga para pengunjung yang kami bicarakan di sini mengasumsikan bahwa Anda bersifat suka berperang dan agresif dan bahwa Anda akan membawa bahaya dan permusuhan ke alam semesta di sekitar Anda meskipun Anda memiliki kualitas-kualitas yang baik.

Oleh karena itu, dalam wacana kami, kami ingin memberi Anda gambaran mengenai apa yang sedang terjadi, apa artinya bagi umat manusia dan bagaimana hal ini terkait dengan perkembangan spiritual Anda, perkembangan sosial Anda dan masa depan Anda di dunia dan di Komunitas Besar Dunia-Dunia itu sendiri.

Orang-orang tidak menyadari kehadiran kekuatan-kekuatan asing, tidak menyadari kehadiran penjelajah sumber daya, mereka yang akan mencari aliansi dengan umat manusia demi keuntungan mereka sendiri. Mungkin kami harus mulai dari sini dengan memberi Anda gambaran mengenai seperti apa kehidupan di luar perbatasan Anda, karena Anda belum melakukan perjalanan jauh dan tidak dapat menjelaskan hal-hal ini sendiri.

Anda tinggal di bagian galaksi yang cukup dihuni. Tidak semua bagian galaksi begitu dihuni. Ada wilayah-wilayah besar yang belum dijelajahi. Ada banyak ras-ras tersembunyi. Perdagangan dan niaga antar dunia hanya dilakukan di daerah-daerah tertentu. Lingkungan tempat Anda akan muncul adalah lingkungan yang sangat kompetitif. Kebutuhan akan sumber daya dialami di mana-mana, dan banyak masyarakat teknologi yang telah menguras sumber daya alami dunia mereka dan harus melakukan perdagangan, barter dan perjalanan jauh untuk mendapatkan apa yang mereka butuhkan. Ini adalah situasi yang sangat rumit. Banyak aliansi terbentuk dan konflik memang terjadi.

Mungkin pada titik ini perlu disadari bahwa Komunitas Besar tempat Anda muncul adalah lingkungan yang sulit dan menantang, namun lingkungan ini juga membawa peluang dan kemungkinan-kemungkinan besar bagi umat manusia. Namun, agar kemungkinan-kemungkinan ini dan keuntungan-keuntungan ini dapat diwujudkan, umat manusia harus mempersiapkan diri dan mulai belajar seperti apa kehidupan di alam semesta. Dan umat manusia harus memahami apa arti spiritualitas dalam Komunitas Besar kehidupan berakal.

Kami memahami dari sejarah kami sendiri bahwa ini adalah ambang terbesar yang akan dihadapi dunia mana pun. Namun, ini bukan sesuatu yang dapat Anda rencanakan untuk diri sendiri. Ini bukan sesuatu yang dapat Anda rancang untuk masa depan Anda sendiri. Karena kekuatan yang akan membawa realitas Komunitas Besar ke sini sudah ada di dunia. Keadaan telah membawa mereka ke sini. Mereka sudah di sini.

Mungkin ini memberi Anda gambaran seperti apa kehidupan di luar perbatasan Anda. Kami tidak ingin menciptakan gagasan yang menakutkan, namun penting demi kesejahteraan Anda dan demi masa depan Anda bahwa Anda memiliki penilaian yang jujur dan dapat melihat hal-hal ini dengan jelas.

Kami merasa bahwa kebutuhan untuk mempersiapkan demi kehidupan di Komunitas Besar adalah kebutuhan terbesar yang ada di dunia Anda saat ini. Namun, dari pengamatan kami, orang-orang sibuk dengan urusan mereka sendiri dan masalah mereka sendiri dalam kehidupan sehari-hari mereka, tidak menyadari kekuatan yang lebih besar yang akan mengubah takdir mereka dan memengaruhi masa depan mereka.

Kekuatan dan kelompok yang ada di sini saat ini mewakili beberapa aliansi yang berbeda. Aliansi-aliansi yang berbeda ini tidak saling bersatu dalam upaya-upaya mereka. Setiap aliansi mewakili beberapa kelompok ras yang berbeda yang bekerja sama untuk mendapatkan akses ke sumber daya dunia Anda dan mempertahankan akses ini. Aliansi-aliansi yang berbeda ini, pada intinya, saling bersaing meskipun mereka tidak saling berperang satu sama lain. Mereka melihat dunia Anda sebagai hadiah besar, sesuatu yang mereka inginkan bagi diri mereka sendiri.

Hal ini menciptakan tantangan yang sangat besar bagi masyarakat Anda, karena kekuatan-kekuatan yang mengunjungi Anda tidak hanya memiliki teknologi maju, tetapi juga kohesi sosial yang kuat dan mampu memengaruhi pikiran di Lingkungan Mental. Dalam Komunitas Besar, teknologi mudah didapat, maka keunggulan besar antar golongan yang bersaing adalah kemampuan untuk memengaruhi pikiran. Hal ini telah dipertunjukkan dengan sangat canggih. Ini merupakan seperangkat keterampilan yang baru mulai ditemukan umat manusia.

Sebagai akibatnya, pengunjung Anda tidak datang dengan senjata besar atau dengan tentara atau dengan armada kapal. Mereka datang dalam kelompok yang relatif kecil, tetapi mereka memiliki keterampilan besar dalam memengaruhi orang-orang. Ini mewakili penggunaan kekuasaan yang lebih canggih dan matang di Komunitas Besar. Kemampuan inilah yang harus dibina umat manusia di masa depan jika akan bersaing dengan ras lain secara sukses.

Para pengunjung berada di sini untuk memperoleh kesetiaan manusia. Mereka tidak ingin menghancurkan pembangunan manusia atau kehadiran manusia. Melainkan, mereka ingin menggunakan hal-hal ini demi keuntungan mereka sendiri. Niat mereka adalah mempekerjakan, bukan menghancurkan. Mereka merasa mereka benar karena mereka percaya bahwa mereka sedang menyelamatkan dunia. Beberapa bahkan percaya bahwa mereka sedang menyelamatkan umat manusia dari dirinya sendiri. Tetapi perspektif ini tidak melayani kepentingan Anda yang lebih besar, juga tidak mendorong kearifan atau kedaulatan dalam keluarga manusia.

Namun karena ada kekuatan yang baik di dalam Komunitas Besar Dunia-Dunia, Anda memiliki sekutu. Kami mewakili suara sekutu Anda, Sekutu Umat manusia. Kami tidak berada di sini untuk menggunakan sumber daya Anda atau untuk mengambil dari Anda apa yang Anda miliki. Kami tidak berusaha mendirikan umat manusia sebagai negara klien atau sebagai jajahan demi kepentingan kami sendiri. Melainkan, kami ingin mendorong kekuatan dan kearifan di dalam umat manusia karena kami mendukung hal ini di seluruh Komunitas Besar.

Maka, peran kami cukup penting, dan informasi kami sangat dibutuhkan karena pada saat ini bahkan orang-orang yang menyadari kehadiran para pengunjung belum menyadari niat mereka. Orang-orang tidak mengerti metode yang digunakan para pengunjung. Dan mereka tidak memahami etika atau moral para pengunjung. Orang-orang mengira para pengunjung adalah malaikat atau monster. Tetapi kenyataannya, mereka sangat menyerupai Anda dalam hal kebutuhan mereka. Jika Anda dapat melihat dunia melalui mata mereka, Anda akan mengerti kesadaran dan motivasi mereka. Tetapi untuk melakukannya, Anda harus menjelajah di luar kemampuan Anda sendiri.

Para pengunjung terlibat dalam empat aktivitas mendasar untuk mendapatkan pengaruh di dalam dunia Anda. Masing-masing aktivitas ini unik, tetapi semuanya terkoordinasi bersama. Hal-hal ini sedang dijalankan karena umat manusia telah lama dipelajari. Pikiran manusia, perilaku manusia, fisiologi manusia dan agama manusia telah dipelajari selama beberapa waktu. Hal-hal ini dipahami dengan baik oleh para pengunjung Anda dan akan digunakan demi tujuan mereka sendiri.

Bidang aktivitas pertama para pengunjung adalah memengaruhi individu-individu dalam posisi berkuasa dan otoritas. Karena para pengunjung tidak ingin menghancurkan apapun di dunia ini atau membahayakan sumber daya dunia, mereka berusaha memengaruhi orang-orang yang mereka anggap berada dalam posisi berkuasa, terutama dalam pemerintahan dan agama. Mereka menginginkan kontak, tetapi hanya dengan individu tertentu. Mereka memiliki kemampuan untuk membuat kontak ini, dan mereka memiliki kemampuan untuk membujuk. Tidak semua yang mereka hubungi akan terbujuk, tetapi banyak yang akan. Janji akan kekuasaan yang lebih besar, teknologi yang lebih canggih dan dominasi dunia akan memikat dan menghasut banyak individu. Dan dengan individu-individu inilah para pengunjung akan berusaha menjalin hubungan.

Sangat sedikit orang di pemerintahan dunia yang sangat terpengaruh, namun jumlahnya meningkat. Para pengunjung memahami hierarki kekuasaan karena mereka sendiri mematuhinya, boleh dikata mengikuti rantai komando mereka sendiri. Mereka sangat terorganisir dan sangat fokus dalam upaya mereka, dan gagasan adanya budaya-budaya penuh dengan individu yang berpikir bebas pada umumnya adalah asing bagi mereka. Mereka tidak memahami atau mengerti kebebasan individu. Mereka seperti banyak masyarakat berteknologi maju di Komunitas Besar yang berfungsi baik di dalam dunia masing-masing dan di bidang usaha mereka yang meliput wilayah yang luas, memanfaatkan bentuk pemerintahan dan organisasi yang sangat mapan dan kaku. Mereka percaya bahwa umat manusia kacau dan tidak dapat diatur, dan mereka merasa bahwa mereka membawa ketertiban pada situasi yang mereka sendiri tak dapat pahami. Kebebasan individu tidak dikenal oleh mereka, dan mereka tidak melihat nilainya. Sebagai akibatnya, apa yang ingin mereka bangun di dunia tidak akan menghormati kebebasan ini.

Oleh karena itu, bidang upaya pertama mereka adalah menjalin hubungan dengan individu-individu dalam posisi berkuasa dan berpengaruh untuk memperoleh kesetiaan mereka dan untuk membujuk mereka tentang aspek menguntungkan dari hubungan dan tujuan bersama.

Jalur aktivitas kedua, yang mungkin paling sulit untuk dipertimbangkan dari sudut pandang Anda, adalah manipulasi nilai-nilai dan impuls religius. Para pengunjung memahami bahwa kemampuan terbesar umat manusia juga merupakan kerentanan terbesarnya. Kerinduan orang-orang akan penebusan pribadi merupakan salah satu aset terbesar yang ditawarkan keluarga manusia, bahkan kepada Komunitas Besar. Tetapi ini juga kelemahan Anda. Dan impuls ini dan nilai-nilai inilah yang akan digunakan.

Beberapa kelompok pengunjung ingin membangun diri mereka sebagai agen spiritual karena mereka tahu bagaimana berbicara di Lingkungan Mental. Mereka dapat berkomunikasi dengan orang-orang secara langsung, dan sayangnya, karena sangat sedikit orang di dunia yang dapat mencamkan perbedaan antara suara spiritual dan suara pengunjung, situasinya menjadi sangat sulit.

Oleh karena itu, bidang aktivitas kedua adalah untuk memperoleh kesetiaan orang-orang melalui motivasi religius dan spiritual mereka. Sebenarnya hal ini dapat dilakukan dengan cukup mudah karena umat manusia belum kuat atau berkembang di Lingkungan Mental. Sulit bagi orang-orang untuk mencamkan dari mana impuls ini berasal. Banyak orang ingin memberikan diri mereka kepada apapun yang mereka pikir memiliki suara yang lebih besar dan kekuatan yang lebih besar. Pengunjung Anda dapat memproyeksikan gambar — gambar orang-orang kudus Anda, guru-guru Anda, malaikat-malaikat — gambar-gambar yang sangat dikasihi dan dianggap sakral di dalam dunia Anda. Mereka telah mengembangkan kemampuan ini selama berabad-abad dari berusaha saling memengaruhi dan dengan mempelajari cara membujuk yang dipraktekkan di banyak tempat di Komunitas Besar. Mereka menganggap Anda primitif, jadi mereka merasa dapat mengerahkan pengaruh ini dan menggunakan metode ini pada Anda.

Disini ada upaya untuk menghubungi orang-orang yang dianggap peka, reseptif dan secara alami dianggap kooperatif. Banyak orang akan dipilih, tetapi sedikit yang akan dipilih berdasarkan kualitas khusus ini. Para pengunjung Anda akan berusaha memperoleh kesetiaan individu-individu ini, memperoleh kepercayaan mereka dan memperoleh pengabdian mereka, dengan mengatakan kepada para penerima bahwa para pengunjung berada di sini untuk mengangkat umat manusia secara spiritual, untuk memberi harapan baru, berkat baru dan kekuasaan baru kepada umat manusia — memang menjanjikan hal-hal yang sangat diinginkan orang-orang tetapi yang belum ditemukannya sendiri. Anda mungkin bertanya-tanya, "Bagaimanakah hal seperti itu dapat terjadi?" Tetapi kami dapat meyakinkan Anda bahwa hal ini tidak sulit apabila Anda mempelajari keterampilan dan kemampuan ini.

Upaya di sini adalah untuk menenangkan dan mendidik ulang orang-orang melalui bujukan spiritual. "Program Pasifikasi" ini digunakan secara berbeda dengan kelompok agama yang berbeda tergantung pada ideal mereka dan temperamen mereka. Hal ini selalu ditujukan pada individu yang reseptif. Di sini diharapkan orang-orang akan kehilangan rasa pemahaman mereka dan akan sepenuhnya mempercayai kekuatan yang lebih besar yang mereka rasakan diberikan kepada mereka oleh para pengunjung. Begitu kesetiaan ini terbentuk, semakin sulit bagi orang-orang untuk mencamkan apa yang mereka ketahui dalam diri mereka sendiri dari apa yang diperintahkan kepada mereka. Ini adalah bentuk bujukan dan manipulasi yang sangat halus namun sangat meresap. Kami akan berbicara lebih banyak tentang hal ini sementara kami melanjutkan.

Mari kami sekarang menyampaikan bidang aktivitas ketiga, yaitu mendirikan kehadiran pengunjung di dunia dan membuat orang-orang terbiasa dengan kehadiran ini. Mereka menginginkan umat manusia terbiasa dengan perubahan besar yang terjadi di tengah-tengah Anda — agar Anda terbiasa dengan kehadiran fisik pengunjung dan dengan pengaruh mereka terhadap Lingkungan Mental Anda sendiri. Untuk mencapai tujuan ini, mereka akan menciptakan pembangunan di sini, meski tidak terlihat. Pembangunan ini akan tersembunyi, tetapi akan sangat kuat dalam memberi pengaruh pada populasi manusia yang berada di dekat mereka. Para pengunjung akan meluangkan banyak perhatian dan waktu untuk memastikan bahwa pembangunan ini efektif dan cukup banyak orang yang setia kepada mereka. Orang-orang inilah yang akan menjaga dan melestarikan kehadiran para pengunjung.

Inilah yang persis terjadi di dunia Anda saat ini. Ini merupakan tantangan besar dan sayangnya merupakan risiko besar. Hal yang sama seperti yang kami jelaskan ini telah terjadi berkali-kali di sangat banyak tempat di Komunitas Besar. Dan ras yang baru muncul seperti ras Anda selalu yang paling rentan. Beberapa ras yang muncul mampu membangun kesadaran, kemampuan dan kerja sama mereka sendiri sejauh mereka dapat membatalkan pengaruh luar semacam ini dan mendirikan kehadiran dan posisi di Komunitas Besar. Namun banyak ras, sebelum mereka mencapai kebebasan ini, jatuh di bawah kendali dan pengaruh kekuatan asing.

Kami memahami bahwa informasi ini dapat menimbulkan ketakutan besar dan mungkin penyangkalan atau kebingungan. Tetapi sementara kami mengamati kejadian-kejadian, kami menyadari bahwa hanya sedikit orang yang menyadari situasi sebagaimana adanya. Bahkan orang-orang yang mulai menyadari kehadiran kekuatan asing tidak berada dalam posisi dan tidak memiliki sudut pandang di mana mereka dapat melihat situasi dengan jelas. Dengan selalu berharap dan optimis, mereka berusaha memberi fenomena besar ini makna positif sebesar mungkin.

Namun, Komunitas Besar adalah lingkungan yang kompetitif, lingkungan yang sulit. Mereka yang terlibat dalam perjalanan luar angkasa tidak mewakili kemajuan spiritual, karena mereka yang maju secara spiritual mencari isolasi dari Komunitas Besar. Mereka tidak mencari perdagangan. Mereka tidak berusaha memengaruhi ras lain atau terlibat dalam susunan hubungan yang sangat rumit yang dibentuk demi perdagangan dan keuntungan bersama. Melainkan, mereka yang maju secara spiritual ingin tetap tersembunyi. Mungkin ini adalah pemahaman yang sangat berbeda, tetapi yang perlu bagi Anda untuk memahami keadaan sulit yang dihadapi umat manusia. Namun keadaan sulit ini memiliki kemungkinan besar. Kami ingin membicarakan hal ini sekarang.

Terlepas dari situasi buruk yang kami jelaskan, kami tidak merasa bahwa keadaan-keadaan ini merupakan tragedi bagi umat manusia. Sesungguhnya, jika keadaan-keadaan ini dapat dikenali dan dipahami, dan jika persiapan untuk menghadapi Komunitas Besar, yang sekarang ada di dunia, dapat dimanfaatkan, dipelajari dan diterapkan, maka orang-orang di mana-mana yang berhati nurani baik akan memiliki kemampuan untuk mempelajari Pengetahuan dan Kearifan Komunitas Besar. Dengan demikian, orang-orang di mana-mana akan dapat menemukan dasar untuk bekerja sama sehingga keluarga manusia akhirnya dapat membentuk satu kesatuan yang belum pernah terbentuk sebelumnya. Karena akan dibutuhkan bayangan dari Komunitas Besar untuk menyatukan umat manusia. Dan bayangan ini terjadi sekarang.

Ini adalah evolusi Anda untuk muncul ke dalam Komunitas Besar penuh kehidupan berakal. Ini akan terjadi apakah Anda siap atau tidak. Ini harus terjadi. Maka persiapan merupakan kunci. Pemahaman dan kejelasan — inilah hal-hal yang penting dan dibutuhkan di dunia Anda saat ini.

Orang-orang di mana-mana memiliki karunia spiritual besar yang dapat memungkinkan mereka untuk melihat dan untuk mengetahui dengan jelas. Karunia ini dibutuhkan sekarang. Karunia ini perlu dikenali, dipakai dan dibagikan secara bebas. Hal ini tidak semata-mata bergantung pada seorang guru besar atau seorang kudus besar di dunia Anda untuk melakukannya. Ini harus dikembangkan oleh lebih banyak orang sekarang. Karena situasi membawa serta kebutuhan, dan jika kebutuhan dapat dirangkul, ini membawa serta kesempatan besar.

Namun, persyaratan untuk belajar tentang Komunitas Besar dan untuk mulai mengalami Spiritualitas Komunitas Besar sangatlah luar biasa. Belum pernah sebelumnya manusia harus mempelajari hal-hal semacam ini dalam waktu singkat. Sesungguhnya, hal semacam ini jarang dipelajari oleh siapa pun di dunia Anda sebelumnya. Tetapi sekarang kebutuhannya sudah berubah. Keadaannya berbeda. Sekarang ada pengaruh baru di tengah-tengah Anda, pengaruh yang dapat Anda rasakan dan yang dapat Anda ketahui.

Para pengunjung berusaha melumpuhkan orang-orang dari memiliki visi ini dan Pengetahuan ini dalam diri mereka, karena para pengunjung Anda tidak memilikinya dalam diri mereka sendiri. Mereka tidak melihat nilainya. Mereka tidak mengerti realitasnya. Di sini, umat manusia secara keseluruhan lebih maju daripada mereka. Tetapi ini hanyalah potensi, potensi yang sekarang harus dikembangkan.

Kehadiran makhluk luar angkasa di dunia terus tumbuh. Tumbuh setiap hari, setiap tahun. Semakin banyak orang jatuh di bawah bujukannya, kehilangan kemampuan mereka untuk mengetahui, menjadi bingung dan teralih perhatiannya, mempercayai hal-hal yang hanya dapat melemahkan mereka dan membuat mereka tak berdaya dalam menghadapi ras lain yang ingin menggunakan mereka demi tujuannya sendiri.

Umat manusia adalah ras yang sedang muncul. Yang sangat rentan. Yang kini menghadapi serangkaian keadaan dan pengaruh yang tidak pernah harus dihadapi sebelumnya. Anda baru berevolusi untuk bersaing satu sama lain. Anda belum pernah harus bersaing dengan bentuk kehidupan berakal lainnya. Namun persaingan inilah yang akan memperkuat Anda dan akan memanggil keluar ciri terbaik Anda jika situasinya dapat dilihat dan dipahami dengan jelas.

Ini adalah peran Kaum Tak Terlihat untuk menumbuhkan kekuatan ini. Kaum Tak Terlihat, yang secara patut akan Anda sebut sebagai malaikat, tidak hanya berbicara kepada hati manusia tetapi juga kepada hati di mana saja yang mampu mendengarkan dan yang telah memperoleh kebebasan untuk mendengarkan.

Maka kami datang membawa sebuah pesan yang sulit, tetapi sebuah pesan tentang janji dan harapan. Mungkin ini bukan pesan yang ingin didengar orang-orang. Tentunya ini bukan pesan yang akan didukung oleh para pengunjung. Ini adalah pesan yang dapat dibagi dari orang ke orang, dan hal ini akan dibagi karena wajar untuk melakukannya. Namun, para pengunjung dan orang-orang yang berada di bawah bujukan mereka akan menentang kesadaran semacam ini. Mereka tidak ingin melihat umat manusia yang merdeka. Itu bukan tujuan mereka. Mereka bahkan tidak percaya itu bermanfaat. Oleh karena itu, adalah keinginan tulus kami agar gagasan-gagasan ini dipertimbangkan tanpa rasa takut, tetapi dengan pikiran serius dan perhatian mendalam yang sangat beralasan di sini.

Kami memahami bahwa ada banyak orang di dunia saat ini yang merasa bahwa suatu perubahan besar akan terjadi bagi umat manusia. Kaum Tak Terlihat telah memberi tahu kami hal-hal ini. Banyak pergerakan terkait oleh rasa perubahan ini. Dan banyak hasil telah diprediksi. Namun, kecuali apabila Anda dapat mulai memahami realitas bahwa umat manusia sedang muncul ke dalam Komunitas Besar penuh kehidupan berakal, Anda belum memiliki konteks yang tepat untuk memahami takdir umat manusia atau perubahan besar yang terjadi di dunia.

Dari sudut pandang kami, orang-orang dilahirkan ke dalam masa mereka untuk melayani masa itu. Ini adalah ajaran dalam Spiritualitas Komunitas Besar, ajaran di mana kami juga adalah siswa. Yang mengajarkan tentang kebebasan dan kuasa tujuan bersama. Yang memberi otoritas kepada individu dan kepada individu yang dapat bergabung dengan orang lain — gagasan-gagasan yang jarang diterima atau dianut di Komunitas Besar, karena Komunitas Besar bukanlah keadaan surgawi. Ini adalah realitas fisik dengan kerasnya kelangsungan hidup serta semua yang dibutuhkannya. Semua makhluk dalam realitas ini harus bersaing dengan kebutuhan-kebutuhan dan masalah-masalah ini. Dan di sini, para pengunjung Anda lebih menyerupai Anda daripada yang Anda sadari. Mereka dapat dipahami. Mereka akan berusaha untuk tidak dapat dipahami, tetapi mereka dapat dimengerti. Anda memiliki kuasa untuk melakukannya, tetapi Anda harus melihat dengan mata jernih. Anda harus melihat dengan penglihatan yang lebih besar dan mengetahui dengan kecerdasan yang lebih besar, yang Anda memiliki kemungkinan untuk kembangkan di dalam diri Anda.

Sekarang perlu bagi kami untuk berbicara lebih banyak sehubungan dengan bidang kedua mengenai pengaruh dan bujukan karena ini sangat penting, dan merupakan keinginan tulus kami bahwa Anda akan memahami hal-hal ini dan mempertimbangkannya untuk diri Anda sendiri.

Agama-agama dunia memegang kunci terhadap dedikasi manusia dan kesetiaan manusia, melebihi pemerintahan, melebihi institusi lain apapun. Ini adalah kelebihan umat manusia karena agama-agama seperti ini seringkali sulit ditemukan di Komunitas Besar. Dunia Anda kaya dalam hal ini, namun kekuatan Anda juga adalah di mana Anda lemah dan rentan. Banyak orang ingin dipandu dan ditunjuk oleh Ketuhanan, untuk menyerahkan kendali atas kehidupan mereka sendiri dan agar suatu kekuatan spiritual yang lebih besar mengarahkan mereka, menasihati mereka dan melestarikan mereka. Ini adalah hasrat yang tulus, namun dalam konteks Komunitas Besar, kearifan yang besar harus dibangun agar hasrat ini dapat terpenuhi. Sangat menyedihkan bagi kami untuk melihat bagaimana orang-orang akan menyerahkan otoritas mereka dengan begitu mudah — sesuatu yang bahkan belum pernah mereka miliki sepenuhnya, orang-orang akan menyerahkannya dengan sukarela kepada mereka yang tidak mereka kenal.

Pesan ini ditakdirkan untuk menjangkau orang-orang yang memiliki afinitas spiritual yang lebih besar. Oleh karena itu, penting untuk kami uraikan hal ini. Kami menganjurkan spiritualitas yang diajarkan di Komunitas Besar, bukan spiritualitas yang diatur oleh negara, pemerintahan atau aliansi politik, melainkan spiritualitas alami — kemampuan untuk mengetahui, melihat dan bertindak. Namun hal ini tidak ditekankan oleh para pengunjung Anda. Mereka berusaha agar orang-orang percaya bahwa para pengunjung adalah keluarga mereka, bahwa para pengunjung adalah rumah mereka, bahwa para pengunjung adalah saudara mereka, ibu dan ayah mereka. Banyak orang ingin percaya, maka mereka percaya. Orang-orang ingin menyerahkan otoritas pribadi mereka, maka mereka menyerahkannya. Orang-orang ingin melihat teman dan penyelamat dalam para pengunjung, maka inilah yang ditunjukkan kepada mereka.

Akan dibutuhkan kepala dingin dan objektivitas besar untuk melihat menembus penipuan-penipuan dan kesulitan-kesulitan ini. Akan penting bagi orang-orang untuk melakukan ini jika umat manusia akan berhasil muncul ke dalam Komunitas Besar dan mempertahankan kemerdekaannya dan kedaulatannya di suatu lingkungan penuh pengaruh yang lebih besar dan kekuatan-kekuatan yang lebih besar. Di sini, dunia Anda dapat dikuasai tanpa melepaskan tembakan sama sekali, karena kekerasan dianggap primitif dan kasar dan jarang digunakan dalam hal-hal seperti ini.

Anda mungkin bertanya, "Apakah ini berarti bahwa ada invasi di dunia kami?" Kami harus mengatakan bahwa jawabannya adalah "ya," suatu invasi dengan cara paling halus. Jika Anda dapat memikirkan hal-hal ini dan mempertimbangkannya dengan serius, Anda akan dapat melihatnya sendiri. Bukti invasi ini ada dimana-mana. Anda dapat melihat bagaimana kemampuan manusia dibatalkan oleh hasrat demi kebahagiaan, kedamaian dan keamanan, bagaimana visi dan kemampuan orang-orang untuk mengetahui terhambat oleh pengaruh bahkan di dalam budaya mereka sendiri. Betapa akan lebih besar pengaruh-pengaruh ini dalam lingkungan Komunitas Besar.

Inilah pesan sulit yang harus kami sampaikan. Inilah pesan yang harus dikatakan, kebenaran yang harus diucapkan, kebenaran yang sangat penting dan tidak dapat menunggu. Sangatlah penting kini agar orang-orang belajar suatu

Pengetahuan yang lebih agung, Kearifan yang lebih agung dan Spiritualitas yang lebih agung sehingga mereka dapat menemukan kemampuan-kemampuan sejati mereka dan dapat menggunakannya secara efektif.

Kemerdekaan Anda dipertaruhkan. Masa depan dunia Anda dipertaruhkan. Karena inilah kami telah dikirim ke sini untuk berbicara tentang Sekutu Umat manusia. Ada mereka di alam semesta yang menjaga Pengetahuan dan Kearifan tetap hidup dan yang menjalankan Spiritualitas Komunitas Besar. Mereka tidak bepergian kesana kemari, memengaruhi dunia-dunia yang berbeda. Mereka tidak mengambil orang-orang tanpa persetujuan mereka. Mereka tidak mencuri fauna dan flora Anda. Mereka tidak memengaruhi pemerintah-pemerintah Anda. Mereka tidak berusaha berkembang biak dengan umat manusia untuk menciptakan kepemimpinan baru di sini. Sekutu Anda tidak berusaha mencampuri urusan manusia. Mereka tidak berusaha memanipulasi takdir manusia. Mereka mengamati dari jauh dan mereka mengirim duta-duta seperti kami, dengan risiko besar bagi kami, untuk memberikan nasihat dan semangat dan untuk mengklarifikasi hal-hal ketika diperlukan. Oleh karena itu, kami datang dalam perdamalaian membawa pesan sangat penting.

Sekarang kami harus berbicara tentang bidang keempat di mana pengunjung Anda berupaya mendirikan diri mereka, dan itu melalui perkawinan silang. Mereka tidak dapat hidup di lingkungan Anda. Mereka membutuhkan stamina fisik Anda. Mereka membutuhkan afinitas alami Anda dengan dunia. Mereka membutuhkan kemampuan reproduksi Anda. Mereka juga ingin terikat dengan Anda karena mereka mengerti bahwa ini menciptakan kesetiaan. Ini, secara tertentu, mendirikan kehadiran mereka di sini karena keturunan dari program semacam ini akan memiliki hubungan darah di dunia namun akan memiliki kesetiaan kepada para pengunjung. Mungkin ini tampaknya tak masuk akal, namun hal ini sangat nyata.

Para pengunjung tidak berada di sini untuk mengambil dari Anda kemampuan reproduksi Anda. Mereka berada di sini untuk mendirikan diri mereka sendiri. Mereka ingin umat manusia mempercayai mereka dan melayani mereka. Mereka ingin umat manusia bekerja untuk mereka. Mereka akan menjanjikan apapun, menawarkan apapun dan melakukan apapun untuk mencapai tujuan ini. Namun, meskipun bujukan mereka besar, jumlah mereka kecil. Namun pengaruh mereka semakin meningkat dan program kawin silang mereka, yang sudah berlangsung selama beberapa generasi, pada akhirnya akan efektif. Akan ada manusia yang memiliki kecerdasan lebih besar tetapi tidak mewakili keluarga manusia. Hal seperti ini mungkin dan telah terjadi berkali-kali di Komunitas Besar. Anda hanya perlu melihat sejarah Anda sendiri untuk melihat dampak budaya dan ras terhadap satu sama lain dan untuk melihat betapa dapat mendominasinya dan betapa dapat memengaruhinya interaksi-interaksi ini.

Maka, kami membawa berita penting, berita serius. Tetapi Anda harus bersemangat, karena ini bukan masanya untuk bersikap ambivalen. Ini bukan masanya untuk berusaha melarikan diri. Ini bukan masanya untuk menyibukkan diri dengan kebahagiaan Anda sendiri. Ini adalah masa untuk berkontribusi pada dunia, untuk memperkuat keluarga manusia dan untuk memanggil keluar kemampuan alami yang ada pada orang-orang — kemampuan untuk melihat, untuk mengetahui dan untuk bertindak selaras satu sama lain. Kemampuan ini dapat membatalkan pengaruh yang dikenakan pada umat manusia saat ini, namun kemampuan-kemampuan ini harus tumbuh dan dibagi. Hal ini teramat sangat penting.

Inilah nasihat kami. Yang datang dengan niat baik. Berbahagialah bahwa Anda memiliki sekutu di Komunitas Besar, karena Anda akan membutuhkan sekutu. Anda memasuki suatu alam semesta yang lebih besar, penuh dengan kekuatan dan pengaruh yang Anda belum belajar bagaimana menangkalnya. Anda memasuki panorama kehidupan yang lebih besar. Dan Anda harus mempersiapkan diri. Kata-kata kami hanyalah sebagian dari persiapan. Suatu persiapan sedang dikirim ke dunia sekarang. Yang tidak berasal dari kami. Tetapi berasal dari Pencipta segala kehidupan. Yang datang pada waktu yang tepat. Karena inilah masa umat manusia untuk menjadi kuat dan arif. Anda memiliki kemampuan untuk melakukannya. Dan peristiwa-peristiwa dan keadaan hidup Anda menciptakan kebutuhan besar akan hal ini.

Tantangan bagi Kemerdekaan Manusia

Umat manusia mendekati masa yang sangat berbahaya dan sangat penting dalam perkembangan kolektifnya. Anda berada di ambang kemunculan ke dalam Komunitas Besar kehidupan berakal. Anda akan menghadapi ras makhluk lain yang datang ke dunia Anda yang ingin melindungi kepentingan mereka dan mencari peluang-peluang yang mungkin ada. Mereka bukan malaikat atau makhluk malaikat. Mereka bukan wujud spiritual. Mereka adalah makhluk yang datang ke dunia Anda demi sumber daya, demi aliansi dan demi mendapatkan keuntungan di sebuah dunia yang sedang muncul. Mereka tidak jahat. Mereka tidak suci. Dalam arti, mereka juga sangat mirip dengan Anda. Mereka hanya didorong oleh kebutuhan mereka, asosiasi mereka, kepercayaan mereka dan tujuan kolektif mereka.

Ini merupakan masa yang sangat besar bagi umat manusia, namun umat manusia tidak siap. Dari sudut pandang kami, kami dapat melihatnya dalam skala yang lebih besar. Kami tidak melibatkan diri kami dengan kehidupan sehari-hari individu di dunia. Kami tidak berusaha membujuk para pemerintahan atau mengklaim bagian-bagian dunia tertentu atau sumber daya tertentu yang ada di sana. Melainkan, kami mengamati, dan kami ingin melaporkan apa yang kami amati, karena inilah misi kami untuk berada di sini.

Kaum Tak Terlihat telah memberi tahu kami bahwa ada banyak orang saat ini yang merasakan ketidaknyamanan yang aneh, perasaan urgensi yang samar, perasaan bahwa sesuatu akan terjadi dan sesuatu harus dilakukan. Mungkin tidak ada dalam lingkungan mereka sehari-hari yang membenarkan perasaan yang lebih dalam ini, yang memverifikasi pentingnya perasaan ini, atau yang memberikan substansi pada ekspresi mereka. Kami dapat memahami ini karena kami sendiri telah melalui hal-hal serupa dalam sejarah kami sendiri. Kami mewakili beberapa ras yang bergabung bersama dalam aliansi kecil kami untuk mendukung munculnya Pengetahuan dan Kearifan di alam semesta, khususnya dengan ras-ras yang berada di ambang kemunculannya ke dalam Komunitas Besar. Ras-ras yang muncul ini sangat rentan terhadap pengaruh dan manipulasi asing. Mereka sangat rentan terhadap salah memahami situasi mereka dan ini dapat dimengerti, karena bagaimana mungkin mereka dapat memahami makna dan kerumitan kehidupan di dalam Komunitas Besar? Itulah sebabnya kami ingin menjalankan peran kecil kami dalam mempersiapkan dan mendidik umat manusia.

Dalam wacana pertama kami, kami memberikan deskripsi luas tentang keterlibatan pengunjung di empat bidang. Bidang pertama adalah pengaruh pada orang-orang penting dalam posisi kekuasaan di pemerintahan dan kepala lembaga keagamaan. Bidang pengaruh kedua adalah pada orang-orang yang memiliki kecenderungan spiritual dan yang ingin membuka diri terhadap kekuatan yang lebih besar yang ada di alam semesta. Bidang keterlibatan ketiga adalah pendirian pengunjung di dunia di lokasi-lokasi strategis, dekat pusat populasi, di mana pengaruh mereka di Lingkungan Mental dapat dijalankan. Dan terakhir, kami berbicara tentang program mereka untuk kawin silang dengan umat manusia, sebuah program yang telah berlangsung cukup lama.

Kami memahami betapa mungkin mencemaskannya berita ini dan betapa mungkin mengecewakan bagi banyak orang yang memiliki harapan dan antisipasi tinggi bahwa para pengunjung dari luar akan membawa berkat dan manfaat yang besar bagi umat manusia. Mungkin adalah wajar untuk berasumsi dan mengharapkan hal-hal ini, namun Komunitas Besar di mana umat manusia sedang muncul adalah lingkungan yang sulit dan kompetitif, terutama di wilayah-wilayah di alam semesta di mana banyak ras berbeda bersaing satu sama lain dan berinteraksi untuk perdagangan dan niaga. Dunia Anda berada di wilayah semacam ini. Ini mungkin tampak tak masuk akal bagi Anda karena tampaknya Anda selalu hidup terasing, sendirian di dalam kekosongan ruang angkasa yang luas. Tetapi sesungguhnya Anda hidup di bagian alam semesta yang dihuni di mana perdagangan dan niaga telah didirikan dan di mana tradisi, interaksi, dan asosiasi semuanya telah berlangsung lama. Dan keberuntungan Anda adalah Anda hidup di dunia yang indah — dunia dengan keanekaragaman biologis yang luar biasa, tempat yang megah dibandingkan dengan ketandusan begitu banyak dunia lain.

Namun, ini juga membuat situasi Anda sangat mendesak dan menimbulkan risiko nyata, karena Anda memiliki apa yang diinginkan banyak ras lain untuk diri mereka sendiri. Mereka tidak ingin menghancurkan Anda melainkan memperoleh kesetiaan Anda dan aliansi Anda sehingga keberadaan Anda di dunia dan aktivitas Anda di sini dapat bermanfaat bagi mereka. Anda sedang muncul ke dalam serangkaian keadaan yang matang dan rumit. Di sini Anda tidak boleh seperti anak kecil dan percaya dan mengharapkan berkat dari semua orang yang mungkin Anda jumpai. Anda harus menjadi arif dan tajam, seperti kami, yang melalui sejarah kami yang sulit, telah harus menjadi arif dan tajam. Sekarang umat manusia harus belajar tentang tata cara Komunitas Besar, tentang seluk-beluk interaksi antar ras, tentang kerumitan perdagangan dan tentang manipulasi halus dari asosiasi dan aliansi yang dibangun antar dunia. Ini adalah masa yang sulit tetapi penting bagi umat manusia, masa yang sangat menjanjikan jika persiapan sejati dapat dilakukan.

Di sini, wacana kedua kami, kami ingin berbicara lebih rinci tentang intervensi ke dalam urusan manusia oleh berbagai kelompok pengunjung, apa kemungkinan artinya bagi Anda dan apa yang akan dibutuhkan. Kami datang bukan untuk menghasut rasa takut tetapi untuk membangkitkan rasa tanggung jawab, untuk menimbulkan kesadaran yang lebih besar dan untuk mendorong persiapan demi kehidupan yang sedang Anda masuki, kehidupan yang lebih besar tetapi kehidupan dengan masalah-masalah dan tantangan yang lebih besar juga.

Kami telah dikirim ke sini melalui kuasa dan hadirat spiritual Kaum Tak Terlihat. Mungkin Anda dengan ramah akan menganggap mereka sebagai malaikat, tetapi dalam Komunitas Besar peran mereka lebih besar dan keterlibatan mereka dan aliansi mereka mendalam dan menembus. Kuasa spiritual mereka di sini adalah untuk memberkati makhluk berakal di semua dunia dan di semua tempat dan untuk mendukung perkembangan Pengetahuan dan Kearifan yang lebih dalam yang akan memungkinkan munculnya hubungan yang damai, baik antar dunia maupun di dalam dunia. Kami berada di sini atas nama mereka. Mereka telah meminta kami untuk datang. Dan mereka telah memberi kami banyak informasi yang kami miliki, informasi yang tidak dapat kami kumpulkan sendiri. Dari mereka kami telah belajar banyak tentang sifat Anda. Kami telah belajar banyak tentang kemampuan, kekuatan, kelemahan, dan kerentanan Anda. Kami dapat memahami hal-hal ini karena dunia-dunia tempat kami berasal telah melewati ambang besar kemunculan ini ke dalam Komunitas Besar. Kami telah belajar banyak, dan kami telah menderita banyak dari kesalahan kami sendiri, kesalahan yang kami harap umat manusia akan hindari.

Maka kami datang bukan hanya dengan pengalaman kami sendiri, tetapi dengan kesadaran yang lebih dalam dan tujuan yang lebih dalam yang telah diberikan kepada kami oleh Kaum Tak Terlihat. Kami mengamati dunia Anda dari lokasi yang dekat, dan kami memantau komunikasi mereka yang mengunjungi Anda. Kami tahu siapa mereka. Kami tahu dari mana mereka berasal dan mengapa mereka berada di sini. Kami tidak bersaing dengan mereka, karena kami tidak berada di sini untuk mengeksploitasi dunia. Kami menganggap diri kami sebagai Sekutu Umat manusia, dan kami berharap seiring waktu Anda akan menganggap kami demikian, karena memang demikian halnya. Dan meskipun kami tidak dapat membuktikannya, kami berharap untuk menunjukkannya melalui kata-kata kami dan melalui kearifan dan nasihat kami. Kami berharap dapat mempersiapkan Anda demi apa yang ada di depan. Kami datang dalam misi kami dengan rasa urgensi, karena umat manusia jauh terlambat dalam persiapannya menghadapi Komunitas Besar. Banyak upaya terdahulu puluhan tahun yang lalu untuk melakukan kontak dengan manusia dan untuk mempersiapkan manusia demi masa depan mereka yang terbukti tidak berhasil. Hanya beberapa orang yang dapat dihubungi, dan seperti yang telah diberitahukan kepada kami, banyak dari kontak ini disalahartikan dan digunakan oleh yang lainnya demi tujuan yang berbeda.

Karena itu, kami telah dikirim menggantikan mereka yang datang sebelum kami untuk menawarkan bantuan kepada umat manusia. Kami bekerja sama dalam tujuan bersama. Kami tidak mewakili kekuatan militer yang besar tetapi lebih merupakan aliansi rahasia dan suci. Kami tidak ingin melihat jenis urusan yang ada di Komunitas Besar dilakukan di sini di dalam dunia Anda. Kami tidak ingin melihat umat manusia kehilangan kemerdekaannya dan kedaulatannya. Ini adalah risiko nyata.

Karena ini, kami mendorong Anda untuk mempertimbangkan kata-kata kami secara mendalam, tanpa rasa takut, jika mungkin, dan dengan jenis keyakinan dan tekad yang kami tahu ada di dalam semua hati manusia.

Hari ini dan besok dan lusa, aktivitas yang semakin besar berlangsung dan akan berlangsung untuk membangun jaringan pengaruh pada umat manusia oleh mereka yang mengunjungi dunia demi tujuan mereka sendiri. Mereka merasa bahwa mereka datang ke sini untuk menyelamatkan dunia dari umat manusia. Beberapa di antaranya bahkan percaya bahwa mereka ada di sini untuk menyelamatkan umat manusia dari dirinya sendiri. Mereka merasa bahwa mereka benar dan tidak menganggap tindakan mereka tidak pantas atau tidak etis. Menurut etika mereka, mereka melakukan apa yang dianggap masuk akal dan penting. Namun, untuk semua makhluk yang mencintai kemerdekaan, pendekatan seperti itu tidak dapat dibenarkan.

Kami mengamati aktivitas para pengunjung, yang terus tumbuh. Setiap tahun, semakin banyak mereka di sini. Mereka datang dari jauh. Mereka membawa persediaan. Mereka memperdalam urusan dan keterlibatan mereka. Mereka mendirikan stasiun komunikasi di banyak tempat di tata surya Anda. Mereka mengamati semua serangan awal Anda ke ruang angkasa, dan mereka akan melawan dan menghancurkan apa pun yang mereka rasa akan mengganggu aktivitas mereka. Mereka ingin mengendalikan tidak hanya dunia Anda tetapi juga area di sekitar dunia Anda. Ini karena ada kekuatan yang bersaing di sini. Masing-masing mewakili aliansi dari beberapa ras.

Sekarang mari kami membahas bidang terakhir dari empat bidang yang kami bicarakan dalam wacana pertama kami. Ini ada hubungannya dengan pengunjung yang kawin silang dengan spesies manusia. Marilah kami memberi Anda sedikit sejarah terlebih dahulu. Ribuan tahun yang lalu, di zaman Anda, beberapa ras datang untuk kawin silang dengan umat manusia untuk memberi umat manusia kecerdasan dan kemampuan beradaptasi yang lebih besar. Ini mengarah pada kemunculan yang agak tiba-tiba dari apa yang kami pahami disebut "Manusia Modern." Ini telah memberi Anda dominasi dan kekuasaan di dunia Anda. Ini terjadi di zaman dahulu.

Namun, program kawin silang yang terjadi sekarang sama sekali tidak sama. Ini dilakukan oleh sekelompok makhluk yang berbeda dan oleh aliansi yang berbeda. Melalui kawin silang, mereka ingin membentuk manusia yang akan menjadi bagian dari asosiasi mereka namun yang dapat bertahan hidup di dunia Anda dan yang dapat memiliki hubungan alami dengan dunia. Pengunjung Anda tidak dapat hidup di permukaan dunia Anda. Mereka harus mencari tempat berlindung di bawah tanah, yang sedang mereka lakukan, atau mereka harus hidup di atas pesawat mereka sendiri, yang sering kali mereka sembunyikan di badan air yang besar. Mereka ingin kawin silang dengan umat manusia untuk melindungi kepentingan mereka di sini, yang terutama merupakan sumber daya dunia Anda. Mereka ingin menjamin kesetiaan manusia, maka selama beberapa generasi mereka telah terlibat dalam program kawin silang, yang dalam dua puluh tahun terakhir telah cukup meluas.

Tujuan mereka ada dua. Pertama, seperti yang telah kami sebutkan, para pengunjung ingin menciptakan makhluk seperti manusia yang dapat hidup di dalam dunia Anda tetapi yang akan terikat pada mereka dan yang akan memiliki kepekaan dan kemampuan yang lebih besar. Tujuan kedua dari program ini adalah untuk memengaruhi semua orang yang mereka jumpai dan untuk mendorong orang-orang untuk membantu mereka dalam upaya mereka. Para pengunjung menginginkan dan membutuhkan bantuan manusia. Ini memajukan program mereka dalam segala segi. Mereka menganggap Anda berharga. Namun, mereka tidak menganggap Anda sebagai rekan mereka atau sederajat dengan mereka. Berguna, itulah bagaimana Anda dipersepsikan. Jadi, dengan semua orang yang akan mereka jumpai, dengan semua orang yang akan mereka ambil, para pengunjung ingin memberikan kesan rasa superioritas mereka, nilai mereka serta manfaat dan pentingnya upaya mereka di dunia. Para pengunjung akan memberi tahu semua orang yang mereka hubungi bahwa mereka berada di sini demi kebaikan, dan mereka akan meyakinkan orang-orang yang telah mereka tangkap bahwa mereka tidak perlu takut. Dan dengan orang-orang yang khususnya tampak reseptif, mereka akan berupaya membangun aliansi — rasa tujuan bersama, bahkan rasa identitas dan keluarga yang sama, akan warisan dan takdir.

Dalam program mereka, para pengunjung telah mempelajari fisiologi dan psikologi manusia secara sangat panjang lebar, dan mereka akan memanfaatkan apa yang orang-orang inginkan, terutama hal-hal yang orang-orang inginkan tetapi belum dapat memperolehnya sendiri, seperti kedamaian dan ketertiban, keindahan dan ketenangan. Hal-hal ini akan ditawarkan dan beberapa orang akan percaya. Yang lain hanya akan digunakan sesuai kebutuhan.

Di sini perlu dipahami bahwa para pengunjung mempercayai bahwa hal ini sepenuhnya patut demi melestarikan dunia. Mereka merasa bahwa mereka melakukan pelayanan besar bagi umat manusia, maka mereka sepenuh hati dalam bujukan mereka. Sayangnya, ini menunjukkan kebenaran besar tentang Komunitas Besar — bahwa Kearifan sejati dan Pengetahuan sejati adalah langka di alam semesta seperti yang tampaknya di dunia Anda. Wajar bagi Anda untuk berharap dan mengantisipasi bahwa ras-ras lain telah melampaui kelicikan, pengejaran egois, persaingan, dan konflik. Tetapi, sayangnya, tidak demikian halnya. Teknologi yang lebih canggih tidak meningkatkan kekuatan mental dan spiritual individu.

Saat ini, ada banyak orang yang diambil berulang kali tanpa persetujuan mereka. Karena umat manusia sangat percaya takhayul dan berusaha menyangkal hal-hal yang tidak dapat dipahami, aktivitas buruk ini sedang dijalankan dengan keberhasilan besar. Bahkan sekarang, ada individu hibrida, sebagian manusia, sebagian alien, berjalan di dunia Anda. Mereka tidak banyak, tetapi jumlah mereka akan bertambah di masa depan. Mungkin Anda akan bertemu salah satunya suatu hari nanti. Mereka akan tampak sama seperti Anda tetapi berbeda. Anda akan berpikir mereka adalah manusia, tetapi sesuatu yang esensial akan tampak hilang di dalam diri mereka, sesuatu yang dihargai di dalam dunia Anda. Adalah mungkin untuk dapat membedakan dan mengidentifikasi individu-individu ini, tetapi untuk melakukannya, Anda harus menjadi terampil dalam Lingkungan Mental dan mempelajari apa makna Pengetahuan dan Kearifan dalam Komunitas Besar.

Kami merasa bahwa mempelajari hal ini merupakan hal yang paling penting, karena kami melihat semua yang terjadi di dunia Anda dari sudut pandang kami, dan Kaum Tak Terlihat menasihati kami mengenai hal-hal yang tidak dapat kami lihat atau mendapatkan akses. Kami memahami peristiwa-peristiwa ini, karena telah terjadi berkali-kali di Komunitas Besar, ketika pengaruh dan bujukan dikenakan pada ras-ras yang terlalu lemah atau terlalu rentan untuk merespons secara efektif.

Kami berharap dan kami percaya bahwa tidak ada di antara Anda yang mungkin mendengar pesan ini akan berpikir bahwa intrusi ini ke dalam kehidupan manusia adalah bermanfaat. Mereka yang terpengaruh akan dipengaruhi untuk berpikir bahwa pertemuan ini bermanfaat, baik bagi diri mereka sendiri dan bagi dunia. Aspirasi spiritual orang-orang, hasrat mereka demi perdamaian dan harmoni, keluarga dan keikutsertaan semua akan ditangani oleh para pengunjung. Hal-hal yang mewakili sesuatu yang begitu istimewa tentang keluarga manusia ini, tanpa Kearifan dan persiapan, merupakan tanda kerentanan besar Anda. Hanya orang-orang yang kuat dengan Pengetahuan dan Kearifan yang dapat melihat penipuan di balik bujukan ini. Hanya merekalah yang berada dalam posisi untuk melihat penipuan yang dilakukan pada keluarga manusia. Hanya merekalah yang dapat melindungi pikiran mereka terhadap pengaruh yang dilemparkan dalam Lingkungan Mental di sangat banyak tempat di dunia saat ini. Hanya merekalah yang akan melihat dan mengetahui.

Kata-kata kami tidak akan cukup. Pria dan wanita harus belajar melihat dan mengetahui. Kami hanya dapat mendorong hal ini. Kedatangan kami di sini ke dunia Anda telah berlangsung sesuai dengan penyajian ajaran tentang Spiritualitas Komunitas Besar, karena persiapannya ada di sini sekarang dan itulah sebabnya kami dapat menjadi sumber dorongan. Jika persiapan tidak ada di sini, kami akan tahu bahwa nasihat kami dan dorongan kami tidak akan cukup dan tidak akan berhasil. Sang Pencipta dan Kaum Tak Terlihat ingin mempersiapkan umat manusia untuk menghadapi Komunitas Besar. Faktanya, ini adalah kebutuhan umat manusia yang paling penting saat ini.

Karena itu, kami mendorong Anda untuk tidak mempercayai bahwa pengambilan manusia dan anak-anak mereka dan keluarga mereka memiliki manfaat apa pun bagi umat manusia. Kami harus menekankan hal ini. Kebebasan Anda sangat berharga. Kebebasan pribadi Anda dan kebebasan Anda sebagai satu ras sangat berharga. Telah membutuhkan waktu yang sangat lama untuk kami mendapatkan kembali kebebasan kami. Kami tidak ingin melihat Anda kehilangan kebebasan Anda.

Program kawin silang yang terjadi di dunia akan terus berlanjut. Satu-satunya cara untuk menghentikannya adalah dengan orang-orang memperoleh kesadaran yang lebih besar dan rasa otoritas batin ini. Hanya ini yang akan mengakhiri intrusi ini. Hanya ini yang akan menyingkap penipuan di belakangnya. Sulit bagi kami untuk membayangkan betapa buruknya hal ini bagi orang-orang Anda, bagi pria dan wanita itu, bagi anak-anak kecil itu, yang sedang menjalani perlakuan ini, pendidikan ulang ini, penenangan ini. Bagi nilai-nilai kami, ini tampak mengerikan, namun kami tahu bahwa hal-hal ini terjadi di Komunitas Besar dan telah terjadi sejak sebelum ingatan.

Mungkin kata-kata kami akan menimbulkan semakin banyak pertanyaan. Ini sehat dan ini alami, tetapi kami tidak dapat menjawab semua pertanyaan Anda. Anda harus menemukan cara untuk mendapatkan jawaban bagi diri Anda sendiri. Tetapi Anda tidak dapat melakukannya tanpa persiapan, dan Anda tidak dapat melakukannya tanpa orientasi. Kami memahami bahwa pada saat ini, umat manusia secara keseluruhan tidak dapat membedakan antara penampilan Komunitas Besar dari manifestasi spiritual. Ini sungguh situasi yang sulit karena pengunjung Anda dapat memproyeksikan gambar, mereka dapat berbicara kepada orang-orang melalui Lingkungan Mental dan suara mereka dapat diterima dan diungkapkan melalui orang-orang. Mereka dapat memberikan pengaruh seperti ini karena umat manusia belum memiliki keterampilan atau ketajaman semacam ini.

Umat manusia tidak bersatu. Umat manusia terpecah belah. Umat manusia bertentangan dengan dirinya sendiri. Ini membuat Anda sangat rentan terhadap gangguan dan manipulasi luar. Para pengunjung Anda memahami bahwa hasrat dan kecenderungan spiritual Anda terutama membuat Anda rentan dan terutama menjadi subjek yang bagus untuk mereka gunakan. Betapa sulitnya mendapatkan objektivitas sejati mengenai hal-hal ini. Bahkan dari mana kami berasal, ini telah merupakan tantangan besar. Tetapi bagi mereka yang ingin tetap merdeka dan berdaulat di Komunitas Besar, mereka harus mengembangkan keterampilan ini, dan mereka harus melestarikan sumber daya mereka sendiri untuk menghindari keharusan mencarinya dari ras lain. Jika dunia Anda kehilangan kemandiriannya, dunia Anda akan kehilangan banyak kebebasannya. Jika Anda harus keluar dari dunia Anda untuk mencari sumber daya yang Anda butuhkan untuk hidup, maka Anda akan kehilangan banyak kekuasaan Anda kepada ras lain. Karena sumber daya dunia Anda berkurang dengan pesat, ini merupakan keprihatinan serius bagi kami yang mengamati dari jauh. Ini juga menjadi perhatian bagi para pengunjung Anda, karena mereka ingin mencegah perusakan lingkungan Anda, bukan demi Anda tetapi demi mereka.

Program kawin silang hanya memiliki satu tujuan, yaitu untuk memungkinkan para pengunjung mendirikan kehadiran dan pengaruh memerintah di dunia. Jangan berpikir bahwa para pengunjung membutuhkan sesuatu dari Anda selain sumber daya Anda. Jangan berpikir bahwa mereka membutuhkan kemanusiaan Anda. Mereka hanya menginginkan kemanusiaan Anda untuk menjamin posisi mereka di dunia. Janganlah tersanjung. Jangan mengumbar diri dengan pemikiran seperti itu. Pemikiran seperti itu tidak berdasar. Jika Anda dapat belajar melihat situasi dengan jelas sebagaimana adanya, Anda akan melihat dan Anda akan mengetahui hal-hal ini sendiri. Anda akan memahami mengapa kami berada di sini dan mengapa umat manusia membutuhkan sekutu dalam Komunitas Besar penuh kehidupan berakal. Dan Anda akan melihat pentingnya mempelajari Pengetahuan dan Kearifan yang lebih besar dan mempelajari Spiritualitas Komunitas Besar.

Karena Anda sedang muncul ke dalam lingkungan di mana hal-hal ini menjadi penting demi keberhasilan, demi kebebasan, demi kebahagiaan dan demi kekuatan, Anda akan membutuhkan Pengetahuan dan Kearifan yang lebih besar untuk menetapkan diri Anda sebagai ras mandiri di Komunitas Besar. Akan tetapi, kebebasan Anda menyusut setiap harinya. Dan Anda mungkin tidak melihat hilangnya kebebasan Anda, meskipun mungkin Anda merasakannya secara tertentu. Bagaimana mungkin Anda dapat melihatnya? Anda tidak dapat pergi ke luar dunia Anda dan menyaksikan peristiwa-peristiwa di sekitarnya. Anda tidak memiliki akses terhadap keterlibatan politik dan komersial dari kekuatan-kekuatan asing yang beroperasi di dunia saat ini untuk memahami kerumitannya, etikanya, atau nilai-nilainya.

Jangan pernah berpikir bahwa ras apa pun di alam semesta yang melakukan perjalanan untuk perdagangan maju secara spiritual. Mereka yang mencari perdagangan mencari keuntungan. Mereka yang melakukan perjalanan dari dunia ke dunia, mereka yang adalah penjelajah sumber daya, mereka yang berusaha menancapkan bendera mereka sendiri bukanlah apa yang Anda anggap maju secara spiritual. Kami tidak menganggap mereka maju secara spiritual. Ada kuasa duniawi, dan ada kuasa spiritual. Anda dapat memahami perbedaan antara hal-hal ini, dan sekarang perlu untuk melihat perbedaan ini dalam lingkungan yang lebih besar.

Maka kami datang dengan rasa komitmen dan dorongan kuat bagi Anda untuk mempertahankan kebebasan Anda, untuk menjadi kuat dan tajam dan tidak menyerah pada bujukan atau janji akan perdamaian, kekuasaan dan keikutsertaan dari mereka yang tidak Anda kenal. Dan jangan biarkan diri Anda terhibur dengan berpikir bahwa semua akan berakhir baik untuk umat manusia atau bahkan untuk Anda secara pribadi, karena ini bukan Kearifan. Karena Kaum Arif di mana pun harus belajar melihat realitas kehidupan di sekitar mereka dan belajar mengatasi kehidupan ini secara bermanfaat.

Oleh karena itu, terimalah dorongan kami. Kami akan berbicara lagi mengenai hal-hal ini dan mengilustrasikan pentingnya mendapatkan ketajaman dan kebijakan. Dan kami akan berbicara lebih banyak tentang keterlibatan para pengunjung Anda di dunia dalam bidang-bidang yang sangat penting untuk Anda pahami. Kami berharap Anda dapat menerima kata-kata kami.

Peringatan Besar

Kami sangat ingin berbicara lebih lanjut dengan Anda mengenai peristiwa-peristiwa dunia Anda dan membantu Anda melihat, apabila memungkinkan, apa yang kami lihat dari sudut pandang kami. Kami menyadari bahwa hal ini sulit diterima dan akan mengakibatkan kecemasan serta keprihatinan besar, tetapi Anda harus diberi tahu.

Situasinya sangat genting dari sudut pandang kami, dan kami berpikir bahwa akan merupakan malapetaka besar apabila masyarakat tidak diinformasikan dengan benar. Begitu banyak muslihat dalam dunia yang Anda tinggali ini, dan juga di dunia-dunia lain, sehingga kebenaran, walaupun sudah nyata dan jelas, tidak dikenali, dan tanda-tanda dan pesan-pesannya tidak terdeteksi. Karena itu, kami berharap kehadiran kami dapat membantu memperjelas keadaan dan membantu Anda dan orang lain melihat apa yang sebenarnya ada. Kami tidak memiliki kompromi-kompromi ini dalam

persepsi kami, karena kami telah dikirim untuk menyaksikan hal-hal yang kami jelaskan ini.

Seiring waktu, mungkin Anda akan dapat mengetahui hal-hal ini sendiri, tetapi Anda tidak memiliki waktu semacam ini. Sekarang waktu sangat singkat. Persiapan umat manusia untuk menghadapi kedatangan kekuatan-kekuatan dari Komunitas Besar sangat terlambat. Banyak orang-orang penting yang tidak merespons. Dan intrusi ke dalam dunia sangat lebih cepat daripada yang awalnya dianggap mungkin.

Kami datang dengan sedikit waktu luang, namun kami datang dengan memberi dorongan kepada Anda untuk membagikan informasi ini. Seperti yang telah kami indikasikan dalam pesan terdahulu kami, dunia sedang disusupi dan Lingkungan Mental sedang dibentuk dan dipersiapkan. Tujuannya bukan untuk membasmi manusia tetapi untuk mempekerjakannya, menjadikannya pekerja dari suatu "kolektif" yang lebih besar. Institusi-institusi dunia dan pastinya lingkungan alam dihargai, dan menjadi keinginan para pengunjung bahwa hal-hal ini dijaga demi kepentingan mereka. Mereka tidak dapat hidup di sini, jadi untuk mendapatkan kesetiaan Anda, mereka menggunakan banyak cara yang telah kami jelaskan, Kami akan melanjutkan penjelasan kami untuk memperjelas hal-hal ini.

Kedatangan kami ke sini telah digagalkan oleh beberapa faktor, di mana salah satunya adalah kurang siapnya pihak-pihak yang harus kami hubungi secara langsung. Juru bicara kami, yaitu penulis buku ini, adalah satu-satunya orang di mana kami dapat membangun kontak yang kuat. Ada beberapa orang lain yang berpotensi, tetapi kami harus memberikan juru bicara kami informasi-informasi dasarnya.

Dari sudut pandang para pengunjung Anda, seperti yang kami ketahui, Amerika Serikat dianggap sebagai pemimpin dunia, sehingga upaya terbesar diutamakan di sini. Tetapi negara-negara besar lainnya juga akan dihubungi, karena mereka diakui memiliki kekuasaan, dan kekuasaan adalah sesuatu yang dipahami oleh para pengunjung, karena mereka mematuhi perintah kekuasaan tanpa pertanyaan dan pada tingkat yang jauh lebih besar daripada yang bahkan tampak di dunia Anda.

Akan ada usaha untuk memengaruhi para pemimpin negara-negara terkuat untuk dapat menerima kehadiran para pengunjung dan menerima hadiah dan umpan demi kerjasama dengan janji keuntungan bersama, bahkan janji dominasi dunia kepada beberapa. Akan ada orang-orang di jalur-jalur kekuasaan di dunia yang akan menanggapi umpan-umpan ini, karena mereka akan berpikir bahwa ada kesempatan besar di sini untuk membawa umat manusia melampaui ancaman perang nuklir menjadi komunitas baru di dunia, suatu komunitas yang akan mereka pimpin demi tujuan mereka sendiri. Namun para pemimpin ini tertipu, mereka tidak akan diberikan kunci atas dunia ini. Mereka hanya akan menjadi penengah dalam pengalihan kekuasaan.

Anda harus memahami hal ini. Hal ini tidak terlalu rumit. Dari perspektif dan sudut pandang kami hal ini jelas. Kami telah melihat hal ini terjadi di tempat lain. Ini adalah salah satu cara organisasi mapan dari ras-ras yang memiliki kolektif mereka sendiri merekrut anggota baru seperti dunia Anda. Mereka sangat percaya bahwa tujuan mereka adalah luhur dan demi kebaikan dunia Anda, karena umat manusia tidak begitu dihormati, dan meskipun Anda luhur secara tertentu, kekurangan Anda jauh melebihi potensi Anda. Kami tidak beranggapan seperti itu atau kami tidak akan berada dalam posisi kami sekarang, dan kami tidak akan menawarkan bantuan kami kepada Anda sebagai Sekutu Umat Manusia.

Oleh karena itu, ada kesulitan besar sekarang dalam hal ketajaman, suatu tantangan besar. Tantangannya adalah agar umat manusia memahami siapa sekutu sejatinya dan dapat membedakannya dari pihak yang dapat menjadi lawan. Tidak ada pihak netral dalam hal ini. Dunia terlalu berharga, sumber dayanya diakui sebagai unik dan sangat berharga. Tidak ada pihak netral yang terlibat dalam urusan manusia. Sifat sebenarnya dari Intervensi alien adalah untuk mengerahkan pengaruh dan kendali dan pada akhirnya membangun kekuasaan di sini.

Kami bukanlah para pengunjung. Kami adalah pengamat. Kami tidak menuntut hak atas dunia Anda, dan kami tidak memiliki rencana untuk menetap di sini. Demi alasan ini, nama-nama kami tersembunyi, karena kami tidak mencari hubungan dengan Anda melampaui kemampuan kami untuk menyampaikan nasihat kami dengan cara ini. Kami tidak dapat mengendalikan hasil akhirnya. Kami hanya dapat memberi Anda nasihat atas pilihan-pilihan dan keputusan-keputusan yang harus diambil oleh masyarakat Anda sehubungan dengan peristiwa-peristiwa besar ini.

Umat manusia memiliki potensi besar dan telah membangun warisan spiritual yang kaya, tetapi tidak memiliki pendidikan mengenai Komunitas Besar di mana umat manusia sedang muncul. Umat manusia terpecah dan saling berselisih, sehingga menjadi rentan terhadap manipulasi dan intrusi dari luar perbatasan Anda. Masyarakat Anda sibuk dengan urusan-urusan hari ini, namun realitas hari esok tidak dikenali. Manfaat apakah yang mungkin Anda peroleh dengan mengabaikan pergerakan dunia yang lebih besar dan dengan beranggapan bahwa Intervensi yang terjadi saat ini adalah demi keuntungan Anda? Tak mungkin ada di antara Anda yang akan mengatakan ini jika saja Anda melihat realitas situasinya.

Secara tertentu, ini adalah masalah perspektif. Kami dapat melihat tetapi Anda tidak, karena Anda tidak memiliki sudut pandangnya. Anda harus berada di luar dunia Anda, di luar lingkup pengaruh dunia Anda, untuk melihat apa yang kami lihat. Akan tetapi, untuk melihat apa yang kami lihat, kami harus bersembunyi karena apabila kami ditemukan maka pasti kami akan binasa. Karena para pengunjung Anda menganggap misi mereka di sini memiliki nilai utama, dan menganggap Bumi merupakan prospek mereka yang paling besar di antara beberapa dunia lainnya. Mereka tidak akan berhenti karena ada kami. Jadi kemerdekaan Anda sendirilah yang harus Anda hargai dan harus Anda pertahankan. Kami tidak dapat melakukannya untuk Anda.

Setiap dunia, apabila ingin mendirikan kesatuannya, kemerdekaan dan kedaulatannya sendiri dalam Komunitas Besar, harus membangun kemerdekaannya sendiri dan mempertahankannya apabila diperlukan. Jika tidak, dominasi pasti akan terjadi dan akan menyeluruh.

Mengapakah para pengunjung Anda menginginkan dunia Anda? Hal ini sangat jelas. Bukan dengan Anda khususnya mereka tertarik. Tetapi dengan kekayaan sumber biologis dunia Anda. Dengan lokasi strategis tata surya ini. Anda berguna bagi mereka hanya sejauh hal-hal ini dihargai dan dapat dimanfaatkan. Mereka akan menawarkan apa yang Anda inginkan dan berbicara hal-hal yang Anda ingin dengar. Mereka akan menawarkan umpan, dan mereka akan menggunakan agama Anda dan ideliasme agama Anda untuk membangun keyakinan dan kepercayaan di mana mereka, lebih daripada Anda, memahami kebutuhan dunia Anda dan akan dapat melayani kebutuhan-kebutuhan ini untuk menghasilkan ketenangan hidup yang lebih besar di sini. Karena umat manusia tampaknya tidak mampu membangun kesatuan dan ketertiban, maka banyak orang akan membuka pikiran mereka dan hati mereka kepada siapa yang dianggap memiliki kemungkinan yang lebih besar untuk melakukannya.

Dalam wacana kedua, kami berbicara singkat mengenai program kawin silang. Ada yang pernah mendengar tentang fenomena ini, dan kami memahami bahwa telah ada beberapa diskusi tentang hal ini. Kaum Tak Terlihat telah memberitahukan kami bahwa ada pertumbuhan kesadaran bahwa program ini memang ada, tapi anehnya orang-orang tidak dapat melihat implikasinya yang jelas, karena sangat cenderung pada preferensi mereka sendiri tentang masalah ini dan sangat tidak siap untuk menghadapi kemungkinan arti dari Intervensi semacam ini. Jelas, bahwa program kawin silang adalah upaya untuk menyatukan adaptasi umat manusia di dunia fisik dengan pemikiran kelompok dan kesadaran kolektif para pengunjung. Keturunan ini akan berada dalam posisi sempurna untuk menyediakan kepemimpinan baru bagi umat manusia, suatu kepemimpinan yang lahir dari maksud dan kampanye para pengunjung. Individu-individu ini akan memiliki garis keturunan di dunia, sehingga mereka akan memiliki kerabat dan kehadiran mereka dapat diterima. Namun pikiran mereka tidak akan bersama Anda, tidak juga hati mereka. Dan walaupun mungkin mereka bersimpati pada Anda dalam kondisi Anda dan apa yang sangat mungkin terjadi dengan kondisi Anda, mereka tidak memiliki otoritas pribadi, karena mereka sendiri tidak dilatih dalam Tata Cara Pengetahuan dan Wawasan, untuk membantu Anda atau menolak kesadaran kolektif yang telah membesarkan mereka di sini dan memberi mereka kehidupan.

Kebebasan individu tidak dihargai oleh para pengunjung. Mereka menganggapnya gegabah dan tidak bertanggung jawab. Mereka hanya memahami kesadaran kolektif mereka, yang mereka anggap sebagai keistimewaan dan berkat. Namun mereka tidak dapat mengakses spiritualitas sejati, yang disebut Pengetahuan di alam semesta, karena Pengetahuan lahir dari pencarian diri individu dan diwujudkan melalui hubungan-hubungan berkaliber tinggi. Kedua fenomena ini tidak ada dalam struktur sosial para pengunjung. Mereka tidak dapat berpikir untuk dirinya sendiri. Kehendak mereka bukan kehendak mereka saja. Maka secara alami mereka tidak dapat menghormati prospek untuk mengembangkan kedua fenomena penting ini dalam dunia Anda, dan tentu mereka tidak berada dalam posisi untuk membantu perkembangan hal-hal seperti ini. Mereka hanya mencari kepatuhan dan pengabdian. Dan ajaran spiritual yang akan mereka kembangkan di dunia hanya akan bertujuan agar manusia tunduk, terbuka dan tidak curiga demi mendapatkan kepercayaan yang tidak sepatutnya didapatkan.

Kami telah melihat hal ini terjadi sebelumnya di tempat-tempat lain. Kami telah melihat dunia-dunia lain jatuh di bawah pengendalian oleh kolektif semacam ini. Ada banyak kolektif semacam ini di alam semesta. Karena kolektif semacam ini menangani perdagangan antar planet dan tersebar secara luas, mereka mengikuti aturan yang ketat tanpa penyimpangan. Tidak ada individualitas di antara mereka, setidaknya tidak dalam bentuk yang dapat Anda kenali.

Kami tidak yakin dapat memberikan contoh di dunia Anda sendiri mengenai apa yang dapat terjadi, tapi kami telah diberitahu bahwa ada kepentingan komersial yang menjangkau budaya-budaya di dunia Anda, yang menggunakan kekuasaan besar tetapi hanya dikuasai oleh sedikit orang. Mungkin ini merupakan analogi yang cocok tentang apa yang sedang kami jelaskan. Namun apa yang kami jelaskan jauh lebih berkuasa, merasuk dan kokoh dibandingkan dengan apapun yang dapat Anda berikan sebagai contoh bagus di dunia.

Merupakan kebenaran bagi kehidupan berakal di mana-mana bahwa rasa takut dapat menjadi kekuatan yang merusak. Namun rasa takut mempunyai satu tujuan dan hanya satu tujuan saja jika dilihat dengan tepat yaitu untuk memberitahu Anda akan adanya bahaya. Kami khawatir, dan itulah sifat dari rasa takut kami. Kami memahami apa risikonya. Itulah sifat dari rasa khawatir kami. Rasa takut Anda lahir karena Anda tidak mengetahui apa yang sedang terjadi, jadi ini merupakan rasa takut yang merusak. Ini adalah rasa takut yang tidak memberdayakan Anda atau memberikan Anda persepsi yang Anda butuhkan untuk memahami apa yang sedang terjadi di dunia Anda. Jika Anda dapat diberi tahu, maka rasa takut berubah menjadi rasa khawatir dan rasa khawatir berubah menjadi tindakan konstruktif. Kami tidak mempunyai cara lainnya untuk menjelaskan hal ini.

Program kawin silang ini semakin sangat berhasil. Sudah ada yang berjalan di muka Bumi Anda yang lahir dari kesadaran dan upaya kolektif para pengunjung. Mereka tidak dapat tinggal di sini untuk waktu yang lama, tapi dalam hanya beberapa tahun, mereka akan dapat tinggal di permukaan dunia Anda secara permanen. Demikian sempurnanya rekayasa genetika mereka sehingga mereka akan tampak hanya sedikit berbeda dengan Anda, lebih banyak dalam sikap dan kehadiran mereka daripada penampilan fisik mereka, sampai pada titik di mana kemungkinan besar mereka akan luput dari perhatian dan tidak dikenali. Namun, mereka akan memiliki kemampuan mental yang lebih besar. Dan ini akan memberi mereka keunggulan yang tak dapat Anda ditandingi kecuali apabila Anda dilatih dalam Tata Cara Wawasan.

Demikianlah realitas yang lebih besar di mana umat manusia sedang muncul — suatu alam semesta penuh ketakjuban dan horor, suatu alam semesta penuh pengaruh, suatu alam semesta penuh persaingan, namun juga suatu alam semesta penuh Rahmat, mirip dengan dunia Anda tetapi sangat jauh lebih agung. Surga yang Anda cari tidak ada di sini. Namun, kekuatan-kekuatan yang harus Anda lawan ada. Ini adalah ambang batas terbesar yang akan dihadapi oleh ras Anda. Masing-masing kami dalam kelompok kami telah menghadapi hal ini di dunia kami masing-masing, dan telah terjadi banyak kegagalan dengan hanya beberapa keberhasilan. Ras-ras makhluk yang dapat mempertahankan kemerdekaan dan isolasi mereka harus menjadi kuat dan bersatu dan kemungkinan besar akan menarik diri dari interaksi dengan Komunitas Besar sampai pada tingkat yang sangat besar demi menjaga kemerdekaan itu.

Apabila Anda memikirkan hal-hal ini, mungkin Anda dapat melihat hasilnya di dunia Anda sendiri. Kaum Tak Terlihat telah memberitahukan kami banyak hal terkait perkembangan spiritual Anda dan potensinya yang besar. Tapi mereka juga telah menasehati kami bahwa kecenderungan dan idealisme spiritual Anda sedang sangat dimanipulasi saat ini. Ada ajaran-ajaran baru yang diperkenalkan ke dunia saat ini yang mengajarkan manusia untuk hanya memberikan persetujuan dan menahan kemampuan mengkritik dan hanya menghargai apa yang menyenangkan dan membuat nyaman. Ajaran-ajaran ini diberikan untuk melumpuhkan kemampuan orang-orang untuk mengakses Pengetahuan dalam diri mereka sendiri sampai mereka mencapai titik dimana mereka merasa sepenuhnya tergantung pada kekuatan-kekuatan yang lebih besar yang tidak dapat mereka kenali. Pada titik itu, mereka akan mengikuti apapun yang diberikan kepada mereka, dan bahkan apabila mereka merasakan ada yang tidak benar, mereka tidak lagi memiliki kekuatan untuk menolak.

Umat manusia telah hidup terasing untuk waktu yang lama. Mungkin dipercayai bahwa Intervensi semacam ini tidak mungkin terjadi dan bahwa setiap orang mempunyai hak milik atas kesadaran dan pemikiran mereka sendiri. Tetapi ini hanyalah asumsi. Namun kami telah diberitahukan bahwa Kaum Arif di dunia Anda telah dapat mengatasi asumsi-asumsi ini dan telah mendapatkan kekuatan untuk mendirikan Lingkungan Mental mereka sendiri.

Kami khawatir bahwa kata-kata kami mungkin terlambat dan dampaknya terlalu kecil dan individu yang kami pilih untuk menerima kami terlalu sedikit mendapatkan bantuan dan dukungan untuk membuat informasi ini tersedia. Beliau akan menghadapi ketidakpercayaan dan ejekan, karena beliau tidak akan dipercaya, dan apa yang akan beliau bicarakan akan bertentangan dengan apa yang sudah diasumsikan sebagai benar. Orang-orang yang sudah jatuh di bawah pengaruh alien, merekalah yang khususnya akan menentang beliau, karena mereka tidak memiliki pilihan dalam hal ini.

Ke dalam keadaan genting ini Sang Pencipta segala kehidupan telah mengirimkan sebuah persiapan, suatu ajaran tentang kemampuan dan ketajaman, kuasa dan pencapaian spiritual. Kami adalah siswa dari ajaran semacam ini, seperti banyak lagi di seluruh alam semesta. Ajaran ini adalah bentuk intervensi Ketuhanan. Yang bukan milik satu dunia apapun. Yang bukan milik satu ras apapun. Yang tidak berpusat pada seorang pahlawan apapun, satu individu apapun. Persiapan semacam ini sekarang tersedia. Ini akan diperlukan. Dari sudut pandang kami, ini adalah satu-satunya hal saat ini yang dapat memberikan umat manusia kesempatan menjadi arif dan tajam mengenai kehidupan baru Anda di dalam Komunitas Besar.

Seperti yang telah terjadi di dunia Anda dalam sejarah Anda sendiri, yang pertama mencapai tanah baru adalah para penjelajah dan penjajah. Mereka tidak datang demi alasan tanpa pamrih. Mereka datang mencari kekuasaan, sumber daya dan dominasi. Ini adalah sifat alami kehidupan. Jika umat manusia cukup handal dalam urusan Komunitas Besar, Anda akan menolak kunjungan apapun ke dunia Anda kecuali apabila telah ada perjanjian yang disepakati sebelumnya. Anda akan cukup mengetahui untuk tidak mengizinkan dunia Anda menjadi begitu rentan.

Saat ini, ada lebih dari satu kolektif yang bersaing demi keunggulan di sini. Ini menempatkan umat manusia di tengah-tengah serangkaian situasi yang sangat luar biasa namun mendidik. Itulah sebabnya pesan-pesan dari para pengunjung akan sering tampak tidak konsisten. Telah terjadi konflik di antara mereka, namun mereka akan saling bernegosiasi apabila dikenali adanya keuntungan bersama. Akan tetapi, mereka masih bersaing. Bagi mereka, ini adalah daerah perbatasan. Bagi mereka, Anda hanya dihargai sebatas berguna. Apabila Anda tidak lagi dianggap berguna, Anda semata-mata akan dicampakkan.

Di sini terdapat tantangan besar bagi masyarakat dunia Anda dan terutama bagi mereka yang berada dalam posisi kekuasaan dan tanggung jawab untuk dapat mengenali perbedaan antara kehadiran spiritual dan kunjungan dari

Komunitas Besar. Namun bagaimanakah Anda dapat memiliki kerangka kerja untuk dapat membedakannya? Di manakah Anda dapat mempelajari hal-hal ini? Siapakah di dunia ini yang berada dalam posisi untuk mengajarkan tentang realitas Komunitas Besar? Hanya suatu ajaran dari luar dunia yang dapat mempersiapkan Anda untuk kehidupan di luar dunia, dan kehidupan di luar dunia sekarang ada di dunia Anda, berupaya membangun dirinya di sini, berupaya memperluas pengaruhnya, berupaya memenangkan pikiran dan hati dan jiwa orang-orang dimana-mana. Demikian sederhananya. Namun demikian menghancurkan.

Oleh karena itu, tugas kami dalam pesan-pesan ini adalah untuk membawa peringatan besar, tapi peringatan saja tidak cukup. Harus ada pengakuan dari masyarakat Anda. Setidaknya dari cukup banyak orang di sini harus ada pemahaman tentang realitas yang sedang Anda hadapi. Ini adalah peristiwa terbesar dalam sejarah manusia — ancaman terbesar terhadap kemerdekaan manusia dan kesempatan terbesar demi persatuan dan kerja sama manusia. Kami menyadari keuntungan-keuntungan dan kesempatan-kesempatan besar ini, tetapi janji mereka memudar dengan berlalunya setiap hari— seiring semakin banyaknya orang yang ditangkap dan kesadaran mereka diolah kembali dan disusun kembali, seiring semakin banyaknya orang yang belajar ajaran-ajaran spiritual yang dipromosikan oleh para pengunjung dan seiring semakin banyaknya orang yang menjadi semakin tunduk dan semakin tidak mampu membedakan.

Kami telah datang atas permintaan Kaum Tak Terlihat untuk melayani dalam kapasitas ini sebagai pengamat. Jika kami berhasil, kami akan tetap berada di dekat dunia Anda hanya cukup lama untuk melanjutkan memberi Anda informasi ini. Setelah itu, kami akan kembali ke dunia-dunia kami. Jika kami gagal dan jika keadaan berbalik melawan umat manusia dan jika kegelapan besar menyelimuti dunia, kegelapan dominasi, maka kami harus pergi, dan misi kami tidak tercapai. Bagaimanapun, kami tidak dapat menetap dengan Anda, namun apabila Anda menunjukkan potensi maka kami akan tinggal sampai Anda terlindung, sampai Anda dapat memenuhi kebutuhan Anda sendiri. Termasuk di sini adalah persyaratan bahwa Anda mandiri. Jika Anda menjadi tergantung pada perdagangan dengan ras-ras lain, maka ini menciptakan risiko manipulasi besar dari luar, karena umat manusia belum cukup kuat untuk menolak kekuatan di Lingkungan Mental yang dapat dikenakan di sini dan yang sedang dikenakan di sini sekarang.

Para pengunjung akan berusaha dan menciptakan kesan bahwa mereka adalah "sekutu umat manusia". Mereka akan mengatakan bahwa mereka berada di sini untuk menyelamatkan umat manusia dari dirinya sendiri, bahwa hanya mereka yang dapat memberikan harapan besar yang umat manusia tidak dapat sediakan untuk dirinya sendiri, bahwa hanya mereka yang dapat membangun ketertiban dan keharmonisan nyata di dunia. Tetapi ketertiban dan keharmonisan ini akan menjadi milik mereka, bukan milik Anda. Dan kemerdekaan yang mereka janjikan tak akan Anda nikmati.

PENGARAHAN KEEMPAT

Manipulasi Tradisi dan Kepercayaan Keagamaan

Untuk memahami aktivitas para pengunjung di dunia saat ini, kami harus menyajikan lebih banyak informasi mengenai pengaruh mereka pada lembaga-lembaga dan nilai-nilai keagamaan dunia, dan pada impuls spiritual fundamental yang umum bagi sifat alami Anda dan, yang dalam banyak cara, umum bagi makhluk berakal di banyak bagian di Komunitas Besar.

Kami akan memulai dengan mengatakan bahwa aktivitas yang dilakukan para pengunjung di dunia pada saat ini telah dijalankan berulang kali sebelumnya di banyak tempat berbeda dengan banyak budaya berbeda di Komunitas Besar. Para pengunjung Anda bukanlah pencetus aktivitas-aktivitas ini tetapi semata-mata menggunakannya sesuai keleluasaan mereka sejauh mereka menyadarinya dan telah menggunakannya sebelumnya.

Penting bagi Anda untuk memahami bahwa keterampilan dalam memengaruhi dan memanipulasi telah dikembangkan ke tingkat fungsionalitas yang sangat tinggi di Komunitas Besar. Ketika ras-ras menjadi semakin mahir dan semakin mampu secara teknologi, mereka menggunakan jenis pengaruh yang lebih halus dan lebih meresap terhadap satu sama lain. Manusia telah berevolusi sejauh ini hanya untuk saling bersaing, sehingga Anda belum memiliki keunggulan yang beradaptasi ini. Ini dengan sendirinya merupakan salah satu alasan mengapa kami menyajikan bahan ini kepada Anda. Anda sedang memasuki serangkaian keadaan yang benar-benar baru yang membutuhkan pengembangan kemampuan alami Anda selain juga mempelajari keterampilan baru.

Meskipun umat manusia mewakili keadaan yang unik, kemunculan ke dalam Komunitas Besar telah terjadi berkali-kali sebelumnya dengan ras-ras lain. Oleh karena itu, apa yang sedang dilakukan pada Anda telah dilakukan sebelumnya. Hal ini sudah sangat dikembangkan dan sekarang sedang disesuaikan dengan kehidupan Anda dan situasi Anda dengan apa yang menurut kami relatif mudah.

Program Pasifikasi yang sedang diimplementasikan oleh para pengunjung memungkinkan hal ini terjadi, sebagian. Kecenderungan alami terhadap hubungan-hubungan yang damai dan hasrat untuk menghindari perang dan konflik adalah terpuji namun dapat, dan memang, digunakan untuk melawan Anda. Bahkan impuls Anda yang paling mulia pun dapat digunakan untuk tujuan lain. Anda telah melihatnya dalam sejarah Anda sendiri, dalam sifat Anda sendiri, dan dalam masyarakat Anda sendiri. Perdamaian hanya dapat dibangun di atas fondasi kokoh kearifan, kerjasama, dan kemampuan sejati.

Umat manusia secara alami telah memiliki kepedulian untuk membangun hubungan damai antar suku-suku dan bangsa-bangsanya sendiri. Namun kini umat manusia menghadapi serangkaian masalah dan tantangan yang lebih besar. Kami melihat hal ini sebagai peluang demi pengembangan Anda, karena hanya tantangan untuk muncul ke dalam Komunitas Besar lah yang akan menyatukan dunia dan memberi Anda fondasi agar persatuan ini asli, kuat dan efektif.

Oleh karenanya, kami datang bukan untuk mengkritik lembaga keagamaan Anda atau impuls dan nilai-nilai Anda yang paling fundamental, tetapi untuk menjelaskan bagaimana hal-hal itu sedang digunakan untuk melawan Anda oleh ras-ras alien yang campur tangan di dunia Anda. Dan, jika ini ada di dalam kuasa kami, kami ingin mendorong penggunaan yang benar dari karunia-karunia Anda dan pencapaian-pencapaian Anda demi kelestarian dunia Anda, kemerdekaan Anda, dan integritas Anda sebagai satu ras dalam konteks Komunitas Besar.

Para pengunjung pada dasarnya praktis dalam pendekatan mereka. Ini merupakan kekuatan sekaligus kelemahan. Seperti yang kami telah amati, baik di sini maupun di tempat lain, kami melihat bahwa sulit bagi mereka untuk menyimpang dari rencana-rencana mereka. Mereka tidak mudah menyesuaikan diri dengan perubahan, dan juga mereka tidak dapat menangani kerumitan secara efektif. Oleh karenanya, mereka menjalankan rencana mereka hampir secara gegabah, karena merasa bahwa mereka berada di pihak yang benar dan bahwa mereka memiliki keunggulan. Mereka tidak percaya bahwa umat manusia akan melakukan perlawanan terhadap mereka — setidaknya bukan perlawanan yang akan sangat memengaruhi mereka. Dan mereka merasa bahwa rahasia mereka dan rencana mereka terjaga baik dan berada di luar pemahaman manusia.

Karena alasan ini, aktivitas kami menyajikan bahan ini kepada Anda menjadikan kami musuh mereka, tentunya dalam pandangan mereka. Namun, dalam pandangan kami, kami hanya mencoba menangkal pengaruh mereka dan memberi Anda pemahaman yang Anda perlukan dan perspektif yang harus dapat Anda andalkan demi mempertahankan kemerdekaan Anda sebagai satu ras dan demi menghadapi realitas Komunitas Besar.

Karena sifat pendekatan mereka yang praktis, mereka ingin mencapai tujuan-tujuan mereka dengan seefisien mungkin. Mereka ingin menyatukan umat manusia tetapi hanya sesuai partisipasi dan aktivitas mereka sendiri di dunia. Bagi mereka, persatuan umat manusia merupakan masalah praktis. Mereka tidak menghargai keanekaragaman budaya; tentunya mereka tidak menghargainya dalam budaya mereka sendiri. Oleh karenanya, mereka akan mencoba memberantasnya atau meminimalkannya jika mungkin, di mana pun mereka mengerahkan pengaruh mereka.

Dalam wacana kami sebelumnya, kami membicarakan pengaruh para pengunjung pada bentuk baru spiritualitas — pada gagasan baru dan ungkapan baru akan ketuhanan manusia dan sifat manusia yang ada di dunia Anda saat ini. Dalam diskusi kita sekarang, kami ingin fokus pada nilai-nilai dan lembaga-lembaga tradisional yang ingin dipengaruhi dan yang sedang dipengaruhi oleh para pengunjung Anda saat ini.

Dalam rangka menanamkan keseragaman dan kepatuhan, para pengunjung akan mengandalkan lembaga-lembaga dan nilai-nilai yang mereka rasa paling stabil dan praktis demi penggunaan mereka. Mereka tidak tertarik pada gagasan Anda, dan mereka tidak tertarik pada nilai-nilai Anda, kecuali sejauh hal-hal itu dapat memajukan rencana mereka. Jangan menipu diri sendiri dengan berpikir bahwa mereka tertarik pada spiritualitas Anda karena mereka sendiri tanpa hal-hal semacam itu. Ini akan menjadi kesalahan konyol dan bahkan fatal. Jangan berpikir bahwa mereka terpikat pada kehidupan Anda dan pada hal-hal yang menarik bagi Anda. Karena sangat jarang Anda akan mampu memengaruhi mereka secara ini. Seluruh rasa ingin tahu alami telah dikeluarkan dari mereka dan hanya tersisa sangat sedikit. Pada kenyataannya, hanya ada sangat sedikit yang Anda sebut "Jiwa" atau apa yang kami sebut "Varne" atau "Tata Cara Wawasan". Mereka terkendali dan mengendalikan dan mengikuti pola pemikiran dan perilaku yang ditetapkan secara kokoh dan dijaga ketat. Mungkin mereka tampak berempati pada gagasan Anda, tetapi itu hanya untuk memperoleh kesetiaan Anda.

Dalam lembaga-lembaga keagamaan tradisional di dunia Anda, mereka akan berusaha memanfaatkan nilai-nilai dan kepercayaan-kepercayaan fundamental yang di masa depan dapat membantu menarik kesetiaan Anda kepada mereka. Mari kami beri Anda beberapa contoh, baik yang didapat dari pengamatan kami sendiri maupun dari wawasan yang diberikan kepada kami oleh Kaum Tak Terlihat seiring waktu.

Banyak di dunia Anda yang mengikuti keimanan Kristiani. Menurut kami ini mengagumkan meskipun tentunya ini bukan satu-satunya pendekatan bagi pertanyaan fundamental mengenai identitas spiritual dan tujuan hidup. Para pengunjung akan memanfaatkan gagasan fundamental mengenai kesetiaan kepada pemimpin tunggal demi mendapatkan kesetiaan bagi tujuan mereka. Dalam konteks agama ini, identifikasi dengan Yesus Kristus akan sangat dimanfaatkan. Harapan dan janji kembalinya beliau ke dunia memberi peluang sempurna bagi para pengunjung Anda, terutama pada titik belok milenia ini.

Pemahaman kami adalah bahwa Yesus yang sejati tidak akan kembali ke dunia, karena beliau sedang bekerja bersama-sama dengan Kaum Tak Terlihat dan melayani umat manusia dan ras-ras lain juga. Yang akan datang mengatasnamakan beliau akan berasal dari Komunitas Besar. Dia akan menjadi orang yang dilahirkan dan dibiakkan demi tujuan ini oleh kolektif-kolektif yang ada di dunia saat ini. Dia akan terlihat manusiawi dan akan memiliki kemampuan yang signifikan dibandingkan dengan apa yang dapat Anda capai saat ini. Dia akan tampak sepenuhnya murah hati. Dia akan mampu melakukan tindakan yang akan menimbulkan rasa takut atau penghormatan besar. Dia akan mampu menampilkan gambaran malaikat, iblis atau apa pun yang atasannya ingin tampakkan kepada Anda. Dia akan tampak memiliki kekuatan spiritual. Namun, dia akan datang dari Komununitas Besar, dan dia akan merupakan bagian dari kolektif. Dan dia akan menggalang kesetiaan untuk mengikutinya. Pada akhirnya, bagi mereka yang tidak mampu mengikutinya, dia akan mendorong agar mereka diasingkan atau dibinasakan.

Para pengunjung tidak peduli berapa banyak orang-orang Anda dihancurkan selama mereka mendapatkan kesetiaan utama dari mayoritas orang. Oleh karenanya, para pengunjung akan fokus pada gagasan fundamental yang memberi mereka otoritas dan pengaruh ini.

Maka, Kedatangan Kedua sedang dipersiapkan oleh para pengunjung Anda. Bukti akan hal ini, kami pahami, sudah ada di dunia. Orang-orang tidak menyadari kehadiran para pengunjung atau sifat dari realitas di Komunitas Besar, sehingga mereka akan secara alami menerima kepercayaan terdahulu mereka tanpa pertanyaan, dengan merasa bahwa waktunya telah tiba untuk kembalinya Juru Selamat mereka dan Guru mereka. Tetapi, dia yang akan datang tidak akan berasal dari pengurus surgawi, dia tidak akan mewakili Pengetahuan atau Kaum Tak Terlihat, dan dia tidak akan mewakili Sang Pencipta atau kehendak Sang Pencipta. Kami telah melihat rencana ini sedang diolah di dunia. Kami juga telah melihat rencana serupa dilakukan di dunia-dunia lain.

Dalam tradisi keagamaan lain, para pengunjung akan mendorong keseragaman — apa yang mungkin Anda sebut sebagai jenis agama fundamental berdasarkan masa lalu, berdasarkan kesetiaan kepada otoritas dan berdasarkan kepatuhan kepada suatu lembaga. Ini cocok bagi para pengunjung. Mereka tidak tertarik pada ideologi dan nilai-nilai tradisi keagamaan Anda, tapi hanya pada kegunaannya saja.

Semakin banyak orang dapat berpikir serupa, bertindak serupa, dan merespons dengan cara yang dapat diperkirakan, semakin berguna mereka bagi para kolektif. Kepatuhan ini sedang dipromosikan di banyak tradisi yang berbeda. Tujuannya di sini bukan untuk membuat mereka semua sama tetapi menjadikan mereka sederhana di dalam mereka sendiri.

Di satu bagian dunia, satu ideologi keagamaan tertentu akan unggul; di bagian dunia yang lain, ideologi keagamaan yang lain akan unggul. Ini sepenuhnya bermanfaat bagi para pengunjung Anda, karena mereka tidak peduli jika ada lebih dari satu agama selama ada ketertiban, kepatuhan dan kesetiaan. Karena mereka sendiri tidak memiliki agama yang dapat Anda ikuti atau Anda kenali, maka mereka akan menggunakan agama Anda untuk memunculkan nilai-nilai mereka. Karena mereka hanya menghargai kesetiaan total pada tujuan mereka dan pada kolektif dan mencari kesetiaan total Anda untuk berpartisipasi dengan mereka dengan cara-cara yang telah mereka tentukan. Mereka akan meyakinkan Anda bahwa ini akan menciptakan perdamaian dan penebusan di dunia, dan kembalinya citra atau tokoh agama apa pun yang dianggap paling bernilai di sini.

Ini bukan mengatakan bahwa agama fundamental diatur oleh kekuatan alien, karena kami memahami bahwa agama fundamental telah mapan di dunia Anda. Yang kami katakan di sini adalah bahwa dorongan untuk hal ini dan mekanisme untuk hal ini akan didukung oleh para pengunjung dan dimanfaatkan demi tujuan mereka. Oleh karenanya, para penganut sejati tradisi-tradisi ini harus sangat berhati-hati dalam membedakan pengaruh-pengaruh ini dan menangkalnya apabila memungkinkan. Di sini bukan orang-orang biasa di dunia yang ingin diyakinkan oleh para pengunjung; tetapi kepemimpinannya.

Para pengunjung sangat percaya bahwa jika mereka tidak campur tangan secara tepat waktu, umat manusia akan menghancurkan dirinya sendiri dan dunia. Ini tidak berdasarkan kebenaran; ini hanya asumsi. Meskipun umat manusia berisiko memusnahkan dirinya sendiri, ini belum tentu takdir Anda. Tetapi para kolektif mempercayai demikian, sehingga mereka harus segera bertindak dan sangat menekankan program bujukan mereka. Mereka yang dapat diyakinkan akan dihargai sebagai berguna; mereka yang tidak dapat diyakinkan akan disingkirkan dan diasingkan. Jika para pengunjung menjadi cukup kuat untuk memegang kendali penuh atas dunia, mereka yang tidak dapat mematuhi akan dilenyapkan. Namun para pengunjung tidak akan melakukan perusakan tersebut. Ini akan melalui individu-individu di dunia yang telah jatuh sepenuhnya ke dalam bujukan mereka.

Kami memahami bahwa ini adalah skenario yang mengerikan, tetapi tidak boleh ada kebingungan jika Anda akan memahami dan menerima apa yang kami ungkapkan dalam pesan kami kepada Anda. Bukan pemusnahan umat manusia, tetapi integrasi umat manusia yang ingin dicapai oleh para pengunjung. Mereka akan kawin silang dengan Anda demi tujuan ini. Mereka akan berusaha mengarahkan kembali impuls dan lembaga-lembaga keagamaan Anda demi tujuan ini. Mereka akan membangun diri mereka secara diam-diam di dunia demi tujuan ini. Mereka akan memengaruhi pemerintahan dan para pemimpin pemerintahan demi tujuan ini. Mereka akan memengaruhi kekuatan militer di dunia demi tujuan ini. Para pengunjung percaya diri bahwa mereka dapat berhasil, karena sejauh ini mereka melihat bahwa umat manusia belum menyusun cukup perlawanan untuk menangkal tindakan mereka atau untuk menangkal rencana mereka.

Untuk menangkal hal ini, Anda harus mempelajari Tata Cara Pengetahuan Komunitas Besar. Setiap ras merdeka di alam semesta harus mempelajari Tata Cara Pengetahuan, dalam bentuk apa pun hal ini didefinisikan dalam budaya mereka sendiri. Ini adalah sumber dari kebebasan individu. Inilah yang memungkinkan individu dan masyarakat memiliki integritas sejati dan memiliki kearifan yang diperlukan demi menangani pengaruh yang menghalangi Pengetahuan, baik di dalam dunia mereka maupun di dalam Komunitas Besar. Oleh karena itu, perlu untuk mempelajari cara-cara baru, karena Anda memasuki suatu keadaan baru dengan kekuatan-kekuatan baru dan pengaruh-pengaruh baru. Sesungguhnya ini bukan suatu kemungkinan di masa depan tetapi suatu tantangan segera. Kehidupan di alam semesta tidak menunggu kesiapan Anda. Peristiwa-peristiwa akan terjadi apakah Anda siap atau tidak. Kunjungan telah terjadi tanpa persetujuan Anda dan tanpa izin Anda. Dan hak-hak fundamental Anda sedang dilanggar pada tingkat yang jauh lebih besar daripada yang Anda sadari.

Karena inilah kami telah dikirim bukan hanya untuk memberikan perspektif kami dan untuk memberikan dorongan tetapi juga untuk menyerukan panggilan, tanda bahaya, untuk membangkitkan kesadaran dan komitmen. Kami telah mengatakan sebelumnya bahwa kami tidak dapat menyelamatkan ras Anda melalui campur tangan militer. Itu bukan peran kami. Dan bahkan jika kami berusaha melakukannya dan mengumpulkan kekuatan untuk menjalankan rencana semacam itu, dunia Anda akan hancur. Kami hanya dapat memberi saran.

Anda akan melihat di masa depan keganasan kepercayaan keagamaan yang diungkapkan dengan cara-cara kekerasan, yang dilakukan terhadap orang-orang yang tidak sependapat, terhadap bangsa-bangsa yang kurang kuat dan digunakan sebagai senjata untuk menyerang dan menghancurkan. Para pengunjung terutama menginginkan agar lembaga-lembaga keagamaan Anda memerintah bangsa-bangsa. Ini harus Anda lawan. Para pengunjung terutama menginginkan agar nilai-nilai keagamaan dibagi bersama, karena ini menambah tenaga kerja mereka dan membuat tugas mereka menjadi lebih mudah. Dalam semua manifestasinya, pengaruh semacam ini secara mendasar akan diperkecil menjadi persetujuan dan penaklukan — penaklukan kehendak, penaklukan tujuan, penaklukan kehidupan dan kemampuan seseorang. Namun ini akan diberitakan sebagai suatu pencapaian besar bagi umat manusia, kemajuan besar dalam masyarakat, penyatuan baru bagi ras manusia, harapan baru bagi perdamaian dan ketenangan batin, kemenangan jiwa manusia atas naluri manusia.

Oleh karena itu, kami datang memberi nasihat dan mendorong Anda untuk menahan diri dari membuat keputusan yang tidak bijaksana, dari menyerahkan hidup Anda kepada hal-hal yang tidak Anda pahami dan dari memasrahkan ketajaman dan kebijakan Anda demi janji imbalan apa pun. Dan kami harus mendorong Anda untuk tidak mengkhianati Pengetahuan di dalam diri Anda, kecerdasan spiritual yang lahir bersama Anda dan yang sekarang memegang harapan terbesar dan satu-satunya bagi Anda.

Mungkin mendengar hal ini Anda akan menganggap alam semesta sebagai tempat tanpa Rahmat. Mungkin Anda akan menjadi sinis dan takut, dan berpikir bahwa ketamakan berlaku universal. Tetapi tidak demikian halnya. Yang diperlukan sekarang adalah agar Anda menjadi kuat, lebih kuat daripada Anda sekarang, lebih kuat daripada Anda sebelumnya. Jangan menyambut komunikasi dengan mereka yang campur tangan di dunia Anda sampai Anda memiliki kekuatan ini. Jangan membuka pikiran dan hati Anda terhadap para pengunjung dari luar dunia, karena mereka datang ke sini demi tujuan mereka sendiri. Jangan berpikir bahwa mereka akan memenuhi nubuat keagamaan atau cita-cita terbesar Anda, karena ini adalah angan-angan.

Ada kekuatan spiritual besar di Komunitas Besar — individu-individu dan bahkan bangsa-bangsa yang telah meraih tingkat pencapaian sangat tinggi, jauh melebihi apa yang telah ditunjukkan umat manusia sejauh ini. Tetapi mereka tidak datang dan mengambil kendali atas dunia lain. Mereka tidak mewakili kekuatan politik dan ekonomi di alam semesta. Mereka tidak terlibat di dalam perdagangan selain memenuhi kebutuhan fundamental mereka sendiri. Mereka jarang melakukan perjalanan, kecuali dalam keadaan darurat.

Duta-duta dikirim untuk menolong ras-ras yang sedang muncul ke dalam Komunitas Besar, duta-duta seperti kami sendiri. Dan ada juga duta-duta spiritual — kuasa Kaum Tak Terlihat, yang dapat berbicara kepada mereka yang siap untuk menerima dan yang menunjukkan hati baik dan potensi baik. Beginilah cara kerja Tuhan di alam semesta.

Anda sedang memasuki lingkungan baru yang sulit. Dunia Anda sangat berharga bagi ras lain. Anda harus melindunginya. Anda harus melestarikan sumber daya Anda sehingga Anda tidak memerlukan atau bergantung pada perdagangan dengan bangsa lain untuk kebutuhan fundamental hidup Anda. Jika Anda tidak melestarikan sumber daya Anda, Anda akan harus melepaskan banyak kebebasan dan kemandirian Anda.

Spiritualitas Anda harus kuat. Harus berdasarkan pengalaman nyata, karena nilai-nilai dan kepercayaan, ritual dan tradisi dapat dimanfaatkan dan sedang dimanfaatkan oleh para pengunjung Anda demi tujuan mereka sendiri.

Di sini Anda dapat mulai melihat bahwa para pengunjung Anda sangat rentan dalam bidang-bidang tertentu. Mari kita selidiki lebih jauh. Secara individu, mereka memiliki sedikit sekali kehendak dan mengalami kesulitan menghadapi kerumitan. Mereka tidak memahami sifat spiritual Anda. Dan tentu mereka tidak memahami impuls demi Pengetahuan. Semakin kuat Anda dengan Pengetahuan, semakin Anda tidak dapat dipahami, semakin sulit Anda dikendalikan dan semakin Anda tidak berguna bagi mereka dan bagi program integrasi mereka. Secara individu, semakin kuat Anda dengan Pengetahuan, semakin Anda menjadi tantangan besar bagi mereka. Semakin banyak individu yang menjadi kuat dengan Pengetahuan, semakin sulit bagi para pengunjung untuk mengisolasi mereka.

Para pengunjung tidak memiliki kekuatan fisik. Kekuatan mereka ada di Lingkungan Mental dan dalam penggunaan teknologi mereka. Jumlah mereka kecil dibandingkan Anda. Mereka sepenuhnya bergantung pada kepasrahan Anda, dan mereka terlalu percaya diri bahwa mereka dapat berhasil. Berdasarkan pengalaman mereka sejauh ini, umat manusia belum memberikan perlawanan nyata. Namun, semakin kuat Anda dengan Pengetahuan, semakin Anda menjadi kekuatan yang melawan intervensi dan manipulasi, dan semakin Anda menjadi kekuatan demi kemerdekaan dan integritas ras Anda.

Meskipun mungkin tidak banyak yang akan dapat mendengar pesan kami, respons Anda penting. Mungkin mudah untuk mengingkari kehadiran kami dan realitas kami dan untuk bereaksi menentang pesan kami, namun kami berbicara sesuai dengan Pengetahuan. Oleh karena itu, apa yang kami katakan dapat diketahui di dalam diri Anda, jika Anda bebas untuk mengetahuinya.

Kami memahami bahwa presentasi kami menantang banyak kepercayaan dan kesepakatan. Bahkan kemunculan kami di sini akan tampak tak dapat dijelaskan dan akan ditolak oleh banyak orang. Namun kata-kata kami dan pesan kami dapat beresonansi dengan Anda karena kami berbicara dengan Pengetahuan. Kuasa kebenaran adalah kuasa terbesar di alam semesta. Yang memiliki kuasa untuk membebaskan. Yang memiliki kuasa untuk mencerahkan. Dan yang memiliki kuasa untuk memberi kekuatan dan rasa percaya diri bagi mereka yang membutuhkannya.

Kami telah diberi tahu bahwa nurani manusia sangat dihargai meskipun mungkin jarang digunakan. Inilah yang kami bicarakan ketika kami berbicara mengenai Tata Cara Pengetahuan. Hal ini fundamental bagi semua impuls spiritual sejati Anda. Ini sudah terkandung di dalam agama-agama Anda. Hal ini tidak baru bagi Anda. Tetapi hal ini harus dihargai, atau upaya kami dan upaya Kaum Tak Terlihat untuk mempersiapkan umat manusia demi Komunitas Besar tidak akan berhasil. Terlalu sedikit yang akan merespons. Dan kebenaran akan menjadi beban bagi mereka, karena mereka tidak akan dapat membaginya secara efektif.

Oleh karena itu, kami datang bukan untuk mengkritik lembaga-lembaga dan kesepakatan keagamaan Anda, tetapi hanya untuk menggambarkan bagaimana semua itu dapat dimanfaatkan untuk melawan Anda. Kami di sini bukan untuk menggantikannya atau untuk menyangkalnya, tetapi untuk menunjukkan bagaimana integritas sejati harus meresapi lembaga-lembaga dan kesepakatan-kesepakatan ini agar mereka dapat melayani Anda secara murni.

Di Komunitas Besar, spiritualitas diwujudkan dalam apa yang kami sebut Pengetahuan, Pengetahuan berarti kecerdasan Jiwa dan pergerakan Jiwa di dalam diri Anda. Ini memberdayakan Anda untuk mengetahui daripada hanya percaya. Ini memberi Anda kekebalan terhadap bujuk rayu dan manipulasi, karena Pengetahuan tidak dapat dimanipulasi oleh kuasa atau kekuatan duniawi apa pun. Ini memberi kehidupan bagi agama-agama Anda dan harapan bagi takdir Anda.

Kami memegang teguh gagasan ini, karena gagasan ini fundamental. Namun, para kolektif tidak memiliki gagasan ini, dan jika Anda berjumpa dengan para kolektif, atau bahkan kehadiran mereka, dan memiliki kuasa untuk menjaga pikiran Anda, Anda akan melihatnya sendiri.

Kami telah diberi tahu bahwa ada banyak orang di dunia yang ingin menyerahkan diri, menyerahkan dirinya kepada kuasa yang lebih besar dalam kehidupan. Ini tidak hanya terjadi dalam dunia umat manusia, tetapi di Komunitas Besar pendekatan semacam ini mengarah pada perbudakan. Kami memahami bahwa di dunia Anda sendiri, sebelum para pengunjung berada di sini dalam jumlah ini, pendekatan semacam ini seringkali mengarah pada perbudakan. Tetapi di Komunitas Besar, Anda lebih rentan dan harus lebih bijaksana, lebih berhati-hati, dan lebih mandiri. Kecerobohan di sini harus dibayar mahal dan membawa malapetaka besar.

Jika Anda dapat merespons Pengetahuan dan belajar Tata Cara Pengetahuan Komunitas Besar, Anda akan mampu melihat sendiri hal-hal ini. Lalu Anda akan mengkonfirmasi kata-kata kami daripada hanya mempercayainya atau menolaknya. Sang Pencipta memungkinkan hal ini terjadi, karena Sang Pencipta menghendaki agar umat manusia mempersiapkan masa depannya. Itulah sebabnya kami datang. Itulah sebabnya kami mengamati dan sekarang berkesempatan melaporkan apa yang kami lihat.

Tradisi-tradisi agama dunia berbicara baik untuk Anda dalam ajaran esensial mereka. Kami telah mendapat kesempatan untuk mempelajarinya dari Kaum Tak Terlihat. Tetapi mereka juga mewakili suatu potensi kelemahan. Jika umat manusia lebih waspada dan memahami realitas kehidupan di Komunitas Besar dan arti dari kunjungan yang terlalu dini, risiko Anda tidak akan sebesar saat ini. Ada pengharapan bahwa kunjungan semacam ini akan membawa ganjaran besar dan akan menjadi pemenuhan bagi Anda. Namun Anda belum dapat mempelajari realitas Komunitas Besar atau kekuatan-kekuatan besar yang sedang berinteraksi dengan dunia Anda. Kurangnya pemahaman Anda dan rasa percaya Anda yang terlalu dini pada para pengunjung tidak membantu Anda.

Karena alasan inilah maka Kaum Arif di seluruh Komunitas Besar tetap tersembunyi. Mereka tidak berusaha berniaga di Komunitas Besar. Mereka tidak berusaha menjadi bagian dari serikat pekerja atau koperasi perdagangan. Mereka tidak berusaha berdiplomasi dengan banyak dunia. Jaringan persekutuan mereka lebih misterius, lebih bersifat spiritual. Mereka memahami risiko dan kesulitannya apabila terpapar terhadap realitas kehidupan di alam semesta fisik. Mereka menjaga isolasi mereka, dan mereka tetap waspada di perbatasan mereka. Mereka hanya berusaha memperluas kearifan mereka melalui cara-cara yang sifatnya kurang fisik.

Mungkin di dunia Anda sendiri, Anda dapat melihat hal ini diungkapkan oleh mereka yang paling arif, yang paling berbakat, yang tidak mencari keuntungan pribadi melalui cara-cara komersial dan yang tidak cenderung menaklukkan dan memanipulasi. Dunia Anda sendiri memberi tahu Anda begitu banyak. Sejarah Anda sendiri memberi tahu Anda begitu banyak dan mengilustrasikan, meskipun dalam skala yang lebih kecil, semua yang kami sajikan kepada Anda di sini.

Oleh karena itu, niat kami bukan hanya memperingatkan Anda mengenai gentingnya situasi Anda, tetapi juga memberi Anda, jika kami bisa, persepsi dan pemahaman yang lebih besar tentang kehidupan, yang akan Anda perlukan. Dan kami percaya bahwa akan ada cukup banyak orang yang dapat mendengar kata-kata ini dan merespons keagungan Pengetahuan. Kami berharap akan ada yang dapat mengenali bahwa pesan kami tidak berada di sini untuk menimbulkan rasa takut dan kepanikan tetapi untuk membangkitkan tanggung jawab dan komitmen untuk melestarikan kemerdekaan dan kebaikan di dalam dunia Anda.

Jika umat manusia gagal melawan Intervensi, kami dapat menggambarkan akan seperti apa ini. Kami telah melihatnya di tempat lain, karena kami masing-masing nyaris, di dalam dunia-dunia kami sendiri. Sebagai bagian dari kolektif, sumber daya planet Bumi akan ditambang, orang-orangnya akan digiring untuk bekerja dan para pemberontak dan bidah akan diasingkan atau dimusnahkan. Dunia akan dilestarikan demi kepentingan pertanian dan pertambangan. Masyarakat manusia akan tetap ada, tetapi hanya di bawah kekuasaan dari luar dunia Anda. Dan jika dunia terkuras manfaatnya, jika sumberdaya telah sepenuhnya diambil, maka Anda akan ditinggalkan, terlucuti. Kehidupan yang mendukung dunia Anda akan diambil dari

Anda; sarana inti untuk bertahan hidup akan dicuri. Ini telah terjadi sebelumnya di banyak tempat lain.

Dalam kasus dunia ini, para kolektif mungkin memilih untuk melestarikan dunia demi pemanfaatan yang berkesinambungan sebagai pos strategis dan sebagai gudang biologis. Namun, populasi manusia akan sangat menderita di bawah kekuasaan yang menindas semacam itu. Populasi umat manusia akan berkurang. Pengelolaan umat manusia akan diberikan kepada mereka yang dibiakkan untuk memimpin ras manusia dalam suatu tatanan baru. Kemerdekaan umat manusia seperti yang Anda ketahui sekarang tidak akan ada lagi, dan Anda akan menderita di bawah beban kekuasaan asing, kekuasaan yang akan keras dan menuntut.

Ada banyak kolektif di Komunitas Besar. Ada yang besar; ada yang kecil. Ada yang lebih etis dalam taktik mereka; banyak yang tidak. Sejauh mereka saling bersaing untuk mendapatkan peluang-peluang, sama seperti aturan di dunia Anda, aktivitas-aktivitas berbahaya dapat dilakukan. Kami harus memberikan ilustrasi ini sehingga Anda tidak akan ragu dengan apa yang kami katakan. Pilihan di depan Anda sangat terbatas, namun sangat fundamental.

Oleh karena itu, pahamilah bahwa dari sudut pandang para pengunjung Anda, Anda semua adalah suku-suku yang perlu dikelola dan dikendalikan untuk melayani kepentingan para pengunjung. Untuk ini, agama-agama Anda dan kadar tertentu dari realitas sosial Anda akan dipertahankan. Tetapi Anda akan kehilangan banyak. Dan banyak hal akan hilang sebelum Anda menyadari apa yang telah diambil dari Anda. Oleh karena itu, kami hanya dapat menganjurkan kewaspadaan, tanggung jawab dan komitmen untuk belajar — belajar mengenai kehidupan di Komunitas Besar, belajar cara melestarikan budaya Anda sendiri dan realitas Anda sendiri di dalam lingkungan yang lebih besar, dan belajar cara melihat siapa yang berada di sini untuk melayani Anda dan membedakan mereka dari yang tidak. Ketajaman yang lebih besar ini sangat diperlukan di dunia, bahkan untuk penyelesaian kesulitan-kesulitan Anda sendiri. Tetapi sehubungan dengan kelangsungan hidup dan kesejahteraan Anda di Komunitas Besar, ketajaman ini sepenuhnya fundamental.

Oleh karena itu, kami mendorong Anda untuk bersemangat. Masih ada lebih banyak yang ingin kami bagikan dengan Anda.

PENGARAHAN KELIMA

Ambang Batas: Janji Baru bagi Umat Manusia

Demi mempersiapkan menghadapi kehadiran makhluk luar angkasa yang ada di dunia, perlu kiranya untuk belajar lebih banyak tentang kehidupan di Komunitas Besar, kehidupan yang akan menyelimuti dunia Anda di masa depan, kehidupan yang mana Anda akan menjadi bagian darinya.

Takdir umat manusia selalu adalah untuk muncul ke dalam Komunitas Besar penuh kehidupan berakal. Hal ini tidak dapat dihindari dan terjadi di semua dunia di mana kehidupan berakal telah ditanam dan telah berkembang. Pada akhirnya, Anda akan menyadari bahwa Anda hidup dalam Komunitas Besar. Dan, pada akhirnya, Anda akan mengetahui bahwa Anda tidak sendirian di dunia Anda sendiri, bahwa kunjungan telah terjadi dan bahwa Anda harus belajar bersaing dengan beragam ras, kekuatan, kepercayaan, dan sikap yang

berbeda-beda yang lazim di Komunitas Besar di mana Anda hidup.

Muncul ke dalam Komunitas Besar adalah takdir Anda. Isolasi Anda sekarang telah berakhir. Meskipun dunia Anda telah dikunjungi berkali-kali di masa lalu, keadaan terisolasi Anda telah berakhir. Sekarang penting bagi Anda untuk menyadari bahwa Anda tidak lagi sendirian — di alam semesta atau bahkan di dalam dunia Anda sendiri. Pemahaman ini disajikan lebih lengkap dalam Ajaran Spiritualitas Komunitas Besar yang sedang disajikan di dunia saat ini. Peran kami di sini adalah untuk menjelaskan kehidupan sebagaimana adanya di Komunitas Besar sehingga Anda dapat memiliki pemahaman yang lebih dalam tentang panorama kehidupan yang lebih besar di mana Anda sedang muncul. Ini diperlukan agar Anda dapat mendekati realitas baru ini dengan objektivitas, pemahaman, dan kearifan yang lebih besar. Umat manusia telah hidup relatif terisolasi begitu lama sehingga wajar bagi Anda untuk menganggap bahwa seluruh alam semesta berfungsi sesuai dengan gagasan, prinsip, dan ilmu pengetahuan yang Anda anggap sakral dan di mana Anda mendasarkan aktivitas dan persepsi Anda tentang dunia.

Komunitas Besar itu sangat luas. Jangkauan terjauhnya belum pernah dijelajahi. Ini lebih besar dari yang dapat dipahami oleh ras mana pun. Dalam ciptaan yang luar biasa ini, kehidupan berakal ada di semua tingkat evolusi dan dalam ekspresi yang tak terhitung jumlahnya. Dunia Anda ada di bagian dari Komunitas Besar yang cukup dihuni. Ada banyak wilayah di Komunitas Besar yang belum pernah dijelajahi dan wilayah lain di mana ras-ras hidup secara rahasia. Semua keberadaan di Komunitas Besar dipandang dari segi manifestasi kehidupan. Dan meskipun kehidupan seperti yang telah kami gambarkan tampak sulit dan menantang, Sang Pencipta bekerja di mana-mana, memperoleh kembali mereka yang terpisah melalui Pengetahuan.

Dalam Komunitas Besar, tidak mungkin ada satu agama, satu ideologi atau satu bentuk pemerintahan yang dapat diadaptasi untuk semua ras dan semua masyarakat. Oleh karena itu, ketika kami berbicara tentang agama, kami berbicara tentang spiritualitas Pengetahuan, karena ini adalah kuasa dan hadirat Pengetahuan yang hidup di dalam semua kehidupan berakal — di dalam diri Anda, di dalam para pengunjung Anda, dan di dalam ras-ras lain yang akan Anda jumpai di masa depan.

Maka, spiritualitas universal menjadi titik fokus besar. Ini menyatukan berbagai pemahaman dan gagasan berbeda yang lazim di dunia Anda dan memberikan realitas spiritual Anda sendiri suatu fondasi bersama. Namun mempelajari Pengetahuan tidak hanya mendidik, Pengetahuan sangat penting demi kelangsungan hidup dan kemajuan di Komunitas Besar. Agar Anda dapat membangun dan mempertahankan kemerdekaan dan kemandirian Anda di Komunitas Besar, kemampuan yang lebih besar ini harus dikembangkan di antara cukup banyak orang di dunia Anda. Pengetahuan adalah satu-satunya bagian dari Anda yang tidak dapat dimanipulasi atau dipengaruhi. Ini adalah sumber dari semua pemahaman dan tindakan yang bijak. Ini menjadi keharusan dalam lingkungan Komunitas Besar jika kebebasan dihargai dan jika

Anda ingin membangun takdir Anda sendiri tanpa diintegrasikan ke dalam kolektif atau masyarakat lain.

Oleh karena itu, sementara kami menyajikan situasi yang genting di dunia saat ini, kami juga menyajikan karunia besar dan janji besar bagi umat manusia, karena Sang Pencipta tidak akan membiarkan Anda tidak siap dalam menghadapi Komunitas Besar, yang merupakan ambang batas terbesar dari semua yang akan Anda hadapi sebagai satu ras. Kami telah diberkati dengan karunia ini juga. Yang sudah kami miliki selama berabad-abad tahun Anda. Kami telah harus mempelajarinya, baik karena pilihan maupun karena kebutuhan.

Sungguh, hadirat dan kuasa Pengetahuanlah yang memungkinkan kami untuk berbicara sebagai Sekutu Anda dan memberikan informasi yang kami berikan dalam wacana-wacana ini. Seandainya kami tidak pernah menemukan Wahyu agung ini, kami akan terisolasi di dunia-dunia kami sendiri, tidak mampu memahami kekuatan-kekuatan yang lebih besar di alam semesta yang akan membentuk masa depan dan takdir kami. Karena karunia yang sedang diberikan di dunia Anda hari ini telah diberikan kepada kami dan kepada banyak ras lain juga yang menunjukkan potensi. Karunia ini terutama penting bagi ras yang sedang muncul seperti ras Anda yang menunjukkan potensi tersebut namun sangat rentan di Komunitas Besar.

Oleh karena itu, sementara tidak mungkin hanya ada satu agama atau ideologi di alam semesta, ada satu prinsip, pemahaman dan realitas spiritual universal yang tersedia untuk semua. Begitu lengkapnya sehingga dapat berbicara kepada mereka yang sangat berbeda dari Anda. Hal ini berbicara tentang keragaman kehidupan dalam semua manifestasinya. Anda, yang hidup di dalam dunia Anda, sekarang memiliki kesempatan untuk mempelajari realitas agung ini, untuk mengalami kuasa dan rahmatnya bagi diri Anda sendiri. Pada intinya, ini adalah karunia yang ingin kami perkuat, karena ini akan menjaga kemerdekaan dan kedaulatan Anda dan akan membuka pintu menuju janji yang lebih besar di alam semesta.

Namun, pada awalnya Anda memiliki kesulitan dan tantangan besar. Yang mengharuskan Anda untuk mempelajari Pengetahuan yang lebih dalam dan kesadaran yang lebih besar. Jika Anda merespons tantangan ini, Anda menjadi penerima tidak hanya untuk diri Anda sendiri, tetapi untuk seluruh ras Anda.

Ajaran tentang Spiritualitas Komunitas Besar sedang disajikan di dunia saat ini. Hal ini belum pernah disajikan di sini sebelumnya. Hal ini diberikan melalui satu orang, yang berfungsi sebagai perantara dan pembicara untuk Tradisi ini. Hal ini dikirim ke dunia pada saat yang kritis ini ketika umat manusia harus belajar tentang kehidupannya di Komunitas Besar dan tentang kekuatan-kekuatan yang lebih besar yang membentuk dunia saat ini. Hanya ajaran dan pemahaman dari luar dunia yang dapat memberi Anda keuntungan ini dan persiapan ini.

Anda tidak sendirian dalam menjalankan tugas yang begitu besar seperti ini, karena ada ras-ras lain di alam semesta yang menjalankan ini, bahkan pada tahap perkembangan Anda. Anda hanyalah satu dari sekian banyak ras yang muncul ke dalam Komunitas Besar pada saat ini. Masing-masing memiliki janji namun masing-masing rentan terhadap kesulitan, tantangan, dan pengaruhnya yang ada di lingkungan yang lebih besar ini. Sesungguhnya banyak ras telah kehilangan kemerdekaan mereka sebelum hal ini tercapai hanya untuk menjadi bagian dari kolektif atau serikat komersial atau negara klien terhadap kekuasaan-kekuasaan yang lebih besar.

Kami tidak ingin melihat hal ini terjadi pada umat manusia, karena ini akan menjadi kerugian besar. Karena alasan inilah kami ada di sini. Karena alasan inilah Sang Pencipta aktif di dunia saat ini, dengan membawa suatu pemahaman baru kepada keluarga manusia. Sudah waktunya umat manusia mengakhiri konflik tanpa henti dengan dirinya sendiri dan untuk mempersiapkan kehidupan di Komunitas Besar.

Anda tinggal di wilayah di mana terjadi banyak aktivitas di luar lingkup tata surya kecil Anda. Dalam wilayah ini, perdagangan dilakukan melalui jalur-jalur tertentu. Dunia-dunia saling berinteraksi, bersaing, dan terkadang berselisih satu sama lain. Peluang-peluang dicari oleh semua yang memiliki kepentingan komersial. Mereka tidak hanya mencari sumber daya tetapi juga kesetiaan dari dunia seperti milik Anda. Beberapa merupakan bagian dari kolektif yang lebih besar. Yang lain mempertahankan aliansi mereka sendiri dalam skala yang jauh lebih kecil. Dunia-dunia yang berhasil muncul ke dalam Komunitas Besar telah harus mempertahankan otonomi dan kemandirian mereka sampai pada tingkat yang besar. Ini membebaskan mereka dari pemaparan terhadap kekuatan lain yang hanya akan mengeksploitasi dan memanipulasi mereka.

Kemandirian Anda dan pengembangan pemahaman dan persatuan Anda lah yang menjadi paling penting bagi kesejahteraan Anda di masa depan. Dan masa depan ini tidak jauh, karena pengaruh para pengunjung sudah semakin besar di dunia Anda. Banyak individu telah merelakan mereka dan sekarang melayani sebagai duta-duta dan perantara mereka. Banyak individu lain semata-mata berfungsi sebagai sumber daya untuk program genetik mereka. Ini telah terjadi, seperti yang telah kami katakan, berkali-kali di banyak tempat. Ini bukan misteri bagi kami meskipun ini tentunya tampak tidak dapat dipahami oleh Anda.

Intervensi ini adalah baik malapetaka maupun peluang vital. Jika Anda mampu merespons, jika Anda mampu mempersiapkan, jika Anda mampu mempelajari Pengetahuan dan Kearifan Komunitas Besar, maka Anda akan dapat membatalkan kekuatan-kekuatan yang campur tangan di dunia Anda dan membangun fondasi demi persatuan yang lebih besar antar masyarakat dan suku-suku Anda sendiri. Kami, tentu saja, mendorong hal ini karena ini memperkuat ikatan Pengetahuan di mana-mana.

Di Komunitas Besar, peperangan dalam skala besar jarang terjadi. Ada kekuatan-kekuatan yang membatasinya. Dari satu segi, peperangan mengganggu perdagangan dan pengembangan sumber daya. Akibatnya, bangsa-bangsa besar tidak diizinkan bertindak gegabah, karena itu menghambat atau membatalkan tujuan pihak-pihak lain, bangsa lain, dan kepentingan lain. Perang saudara terjadi secara berkala di dunia-dunia, tetapi perang dalam skala besar antar masyarakat dan dunia-dunia memang jarang. Sebagian karena alasan inilah keterampilan dalam Lingkungan Mental telah dibangun, karena bangsa-bangsa memang saling bersaing satu sama lain dan berupaya untuk saling memengaruhi. Karena tidak ada yang ingin menghancurkan sumber daya dan peluang-peluang, keterampilan dan kemampuan yang lebih besar ini dipupuk dengan berbagai tingkat keberhasilan di antara banyak masyarakat di Komunitas Besar. Ketika pengaruh semacam ini hadir, kebutuhan akan Pengetahuan menjadi jauh lebih besar.

Umat manusia tidak siap untuk menghadapi hal ini. Namun karena warisan spiritual Anda yang kaya dan sejauh mana kebebasan pribadi ada di dunia Anda saat ini, ada janji bahwa Anda mungkin dapat maju dalam pemahaman yang lebih besar ini dan dengan demikian mengamankan kebebasan Anda dan melestarikannya.

Terdapat pembatas-pembatas lain yang menentang peperangan di Komunitas Besar. Sebagian besar masyarakat dagang tergabung dalam serikat-serikat besar yang telah menetapkan hukum dan kode etik bagi anggota mereka. Ini berfungsi untuk membatasi aktivitas banyak individu yang ingin menggunakan kekuatan untuk mendapatkan akses ke dunia lain dan sumber daya milik mereka. Untuk peperangan pecah dalam skala besar, banyak ras harus terlibat, dan ini jarang terjadi. Kami memahami bahwa umat manusia sangat cenderung berperang dan membayangkan konflik di Komunitas Besar dari segi peperangan, tetapi dalam kenyataannya Anda akan menemukan bahwa ini tidak ditoleransi dengan baik dan bahwa jalur-jalur bujukan lain digunakan sebagai pengganti kekuatan.

Oleh karena itu, para pengunjung Anda datang ke dunia Anda tidak dengan persenjataan besar. Mereka tidak datang membawa kekuatan militer besar, karena mereka menggunakan keterampilan yang telah melayani mereka dengan cara lain — keterampilan dalam memanipulasi pikiran, impuls dan perasaan orang-orang yang mereka jumpai. Umat manusia sangat rentan terhadap bujukan seperti itu mengingat tingkat takhayul, konflik, dan ketidakpercayaan yang lazim di dunia Anda saat ini.

Oleh karena itu, untuk memahami para pengunjung Anda dan untuk memahami ras lain yang akan Anda jumpai di masa depan, Anda harus membangun pendekatan yang lebih matang terhadap penggunaan kekuatan dan pengaruh. Ini adalah bagian penting dari pendidikan Komunitas Besar Anda. Sebagian dari persiapan untuk ini akan diberikan dalam Ajaran Spiritualitas Komunitas Besar, tetapi Anda juga harus belajar melalui pengalaman langsung.

Saat ini, kami mengerti, ada pandangan yang sangat fantastis tentang Komunitas Besar di antara banyak orang. Dipercayai bahwa mereka yang maju secara teknologi juga maju secara spiritual, namun kami dapat meyakinkan Anda bahwa ini bukan halnya. Anda sendiri, meskipun lebih maju secara teknologi sekarang daripada sebelumnya, belum lebih maju secara spiritual ke tingkat yang sangat besar. Anda memiliki lebih banyak kekuatan, tetapi dengan kekuatan muncul kebutuhan untuk lebih menahan diri.

Ada ras-ras di Komunitas Besar yang memiliki kekuatan jauh lebih besar daripada Anda di tingkat teknologi dan bahkan di tingkat pemikiran. Anda akan berevolusi untuk menghadapinya, tetapi persenjataan tidak akan menjadi fokus Anda. Karena peperangan dalam skala antar planet sangat merusak sehingga semua pihak kalah. Apakah rampasan dari konflik semacam itu? Apakah keuntungannya? Ketika konflik semacam itu memang ada, hal itu terjadi di ruang angkasa itu sendiri dan jarang di lingkungan permukaan planet. Bangsa-bangsa penjahat dan ras-ras yang merusak dan agresif dengan cepat dilawan, terutama jika mereka ada di wilayah-wilayah berpenduduk padat di mana terjadi perdagangan.

Oleh karena itu, penting bagi Anda untuk memahami sifat konflik di alam semesta karena ini akan memberi Anda wawasan tentang para pengunjung dan kebutuhan mereka — mengapa mereka berfungsi seperti itu, mengapa kebebasan individu tidak dikenal di antara mereka dan mengapa mereka bergantung pada kolektif mereka. Ini memberi mereka stabilitas dan kekuatan, tetapi ini juga membuat mereka rentan terhadap ras-ras yang terampil dalam Pengetahuan.

Pengetahuan memungkinkan Anda untuk berpikir dalam berbagai cara, untuk bertindak secara spontan, untuk memahami realitas di luar yang sudah jelas dan untuk mengalami masa depan dan masa lalu. Kemampuan seperti ini berada di luar jangkauan mereka yang hanya dapat mengikuti aturan dan ketentuan budaya mereka. Secara teknologi Anda berada jauh di belakang para pengunjung, tetapi Anda memiliki potensi untuk mengembangkan keterampilan dalam Tata Cara Pengetahuan, keterampilan yang akan Anda butuhkan dan harus belajar untuk semakin mengandalkannya.

Kami tidak akan menjadi Sekutu Umat Manusia jika kami tidak mengajari Anda tentang kehidupan di Komunitas Besar. Kami telah melihat banyak hal. Kami telah menjumpai banyak hal berbeda. Dunia-dunia kami telah dikuasai dan kami harus mendapatkan kembali kemerdekaan kami. Kami tahu, dari kesalahan dan dari pengalaman, sifat dari konflik dan tantangan yang Anda hadapi hari ini. Itulah sebabnya kami sangat cocok untuk misi ini dalam pelayanan kami kepada Anda. Namun, Anda tidak akan bertemu dengan kami, dan kami tidak akan datang untuk bertemu dengan para pemimpin bangsa-bangsa Anda. Itu bukan tujuan kami.

Anda membutuhkan campur tangan sesedikit mungkin, tetapi Anda memang membutuhkan bantuan besar. Ada keterampilan-ketrampilan baru yang harus Anda kembangkan dan pemahaman baru yang harus Anda dapatkan. Bahkan masyarakat yang penuh kebajikan, seandainya mereka datang ke dunia Anda, akan memiliki pengaruh dan dampak sedemikian besar pada Anda sehingga Anda akan menjadi tergantung pada mereka dan tidak akan membangun kekuatan Anda sendiri, kuasa Anda sendiri dan kemandirian Anda sendiri. Anda akan sangat bergantung pada teknologi mereka dan pada pemahaman mereka sehingga mereka tidak akan dapat meninggalkan Anda. Dan kedatangan mereka di sini akan membuat Anda semakin rentan terhadap campur tangan di masa depan. Karena Anda akan menginginkan teknologi mereka, dan Anda akan ingin melakukan perjalanan di sepanjang koridor perdagangan di Komunitas Besar. Namun Anda tidak akan siap, dan Anda tidak akan bijaksana.

Itulah sebabnya teman-teman masa depan Anda tidak ada di sini. Itulah sebabnya mereka tidak datang untuk membantu Anda. Karena Anda tidak akan menjadi kuat jika mereka melakukannya. Anda akan ingin bergaul dengan mereka, Anda akan ingin memiliki aliansi dengan mereka, tetapi Anda akan sangat lemah sehingga Anda tidak dapat melindungi diri sendiri. Intinya, Anda akan menjadi bagian dari budaya mereka, yang tidak mereka kehendaki.

Mungkin banyak orang tidak akan dapat memahami apa yang kami katakan di sini, tetapi seiring waktu ini akan sangat masuk akal bagi Anda, dan Anda akan melihat kearifannya dan keperluannya. Saat ini, Anda terlalu rapuh, terlalu terbagi perhatiannya dan terlalu berselisih untuk membentuk aliansi yang kuat, bahkan dengan mereka yang dapat menjadi teman-teman masa depan Anda. Umat manusia belum dapat berbicara sebagai satu suara, maka Anda rentan terhadap intervensi dan manipulasi dari luar.

Ketika realitas Komunitas Besar menjadi lebih terkenal di dunia Anda, dan jika pesan kami dapat menjangkau cukup banyak orang, maka akan ada konsensus yang tumbuh bahwa ada masalah yang lebih besar yang dihadapi umat manusia. Ini dapat menciptakan dasar baru demi kerja sama dan konsensus. Karena apakah keuntungan yang mungkin dimiliki satu bangsa di dunia Anda terhadap bangsa lain ketika seluruh dunia terancam oleh Intervensi? Dan siapakah yang dapat berusaha mendapatkan kekuatan individu di suatu lingkungan di mana kekuatan alien sedang melakukan intervensi? Jika kemerdekaan akan menjadi nyata di dunia Anda, ini harus dibagikan. Ini harus diakui dan diketahui. Ini tidak bisa menjadi hak istimewa segelintir orang atau tidak akan ada kekuatan nyata di sini.

Kami memahami dari Kaum Tak Terlihat bahwa sudah ada orang-orang yang mengupayakan dominasi dunia karena mereka percaya bahwa mereka mendapat berkat dan dukungan dari para pengunjung. Mereka mendapatkan jaminan dari para pengunjung bahwa mereka akan dibantu dalam pengejaran kekuasaan mereka. Namun, apakah yang mereka serahkan selain kunci untuk kebebasan mereka sendiri dan kebebasan dunia mereka? Mereka tidak tahu dan tidak bijaksana. Mereka tidak dapat melihat kesalahan mereka.

Kami juga memahami bahwa ada orang-orang yang percaya bahwa para pengunjung berada di sini untuk mewakili kebangkitan spiritual dan harapan baru bagi umat manusia, tetapi bagaimanakah mereka bisa tahu, mereka yang tidak tahu apa-apa tentang Komunitas Besar? Harapan dan keinginan mereka adalah demikian, dan keinginan seperti itu ditampung oleh para pengunjung, demi alasan yang sangat jelas.

Apa yang kami katakan di sini adalah bahwa kebebasan nyata di dunia, kekuasaan nyata dan persatuan nyata adalah mutlak. Kami membuat pesan kami tersedia untuk semua orang, dan kami percaya bahwa kata-kata kami dapat diterima dan dipertimbangkan secara serius. Namun kami tidak dapat mengendalikan respons Anda. Dan takhayul dan rasa takut dunia dapat membuat pesan kami berada di luar jangkauan banyak orang. Namun janji ini masih ada. Untuk memberi Anda lebih banyak, kami harus mengambil alih dunia Anda, yang tidak ingin kami lakukan. Dengan demikian, kami memberikan semua yang dapat kami berikan tanpa mencampuri urusan Anda. Namun banyak orang menginginkan campur tangan. Mereka ingin ditolong atau diselamatkan oleh orang lain. Mereka tidak mempercayai kemungkinan-kemungkinan bagi umat manusia. Mereka tidak mempercayai kekuatan dan kemampuan bawaan umat manusia. Mereka akan menyerahkan kebebasan mereka dengan sukarela. Mereka akan mempercayai apa yang dikatakan oleh para pengunjung. Dan mereka akan melayani tuan baru mereka, dengan berpikir bahwa apa yang diberikan kepada mereka adalah pembebasan mereka sendiri.

Kebebasan adalah hal yang berharga di Komunitas Besar. Jangan pernah melupakannya. Kebebasan Anda dan kebebasan kami. Dan apakah kebebasan itu selain kemampuan untuk mengikuti Pengetahuan, realitas yang telah diberikan oleh Sang Pencipta kepada Anda, dan untuk mengekspresikan Pengetahuan dan untuk menyumbangkan Pengetahuan dalam semua manifestasinya?

Para pengunjung Anda tidak memiliki kebebasan ini. Hal ini tidak dikenal oleh mereka. Mereka melihat kekacauan dunia Anda, dan mereka percaya bahwa ketertiban yang akan mereka paksakan di sini akan menebus Anda dan akan menyelamatkan Anda dari menghancurkan diri sendiri. Hanya ini yang dapat mereka berikan, karena hanya ini yang mereka miliki. Dan mereka akan menggunakan Anda, tetapi mereka tidak menganggap hal ini tidak pantas, karena mereka sendiri sedang digunakan dan tidak tahu adanya alternatif lain. Pemrograman mereka, pengondisian mereka, begitu menyeluruh sehingga kemungkinan untuk menjangkau mereka pada tingkat spiritualitas mereka yang lebih dalam sangat kecil. Anda tidak memiliki kekuatan untuk melakukannya. Anda harus menjadi jauh lebih kuat daripada Anda saat ini untuk memiliki pengaruh penebusan pada para pengunjung Anda. Namun, kepatuhan mereka tidak begitu aneh di Komunitas Besar. Hal ini sangat umum di kolektif besar, di mana keseragaman dan kepatuhan sangat penting untuk berfungsi secara efisien, terutama mencakup wilayah-wilayah ruang angkasa yang sangat luas.

Oleh karena itu, jangan melihat Komunitas Besar dengan rasa takut, tetapi dengan objektivitas. Kondisi yang kami gambarkan sudah ada di dunia Anda. Anda dapat memahami hal-hal ini. Manipulasi dikenal oleh Anda. Pengaruh dikenal oleh Anda. Hanya saja Anda belum pernah menghadapinya dalam skala yang begitu besar, Anda juga tidak pernah harus bersaing dengan bentuk kehidupan berakal lainnya. Akibatnya, Anda belum memiliki keterampilan untuk melakukannya.

Kami berbicara tentang Pengetahuan karena ini adalah kemampuan terbesar Anda. Terlepas dari teknologi apa yang dapat Anda kembangkan seiring waktu, Pengetahuan adalah janji terbesar Anda. Anda berada berabad-abad di belakang para pengunjung dalam perkembangan teknologi Anda, jadi Anda harus mengandalkan Pengetahuan. Ini adalah kekuatan terbesar di alam semesta, dan para pengunjung Anda tidak menggunakannya. Ini adalah satu-satunya harapan Anda. Itulah sebabnya Ajaran dalam Spiritualitas Komunitas Besar mengajarkan Tata Cara Pengetahuan, menyediakan Langkah-Langkah Menuju Pengetahuan dan mengajarkan Kearifan dan Wawasan Komunitas Besar. Tanpa persiapan ini, Anda tidak akan memiliki keterampilan atau perspektif untuk memahami dilema Anda atau menanggapinya secara efektif. Hal itu terlalu besar. Hal itu terlalu baru. Dan Anda tidak teradaptasi dengan keadaan-keadaan baru ini.

Pengaruh para pengunjung tumbuh setiap hari. Setiap orang yang dapat mendengar ini, merasakan ini dan mengetahui ini harus mempelajari Tata Cara Pengetahuan, Tata Cara Pengetahuan Komunitas Besar. Ini adalah panggilan. Ini adalah karunia. Ini adalah tantangan.

Dalam keadaan yang lebih menyenangkan, kebutuhan ini mungkin tidak tampak terlalu besar. Tetapi kebutuhan ini maha besar, karena tidak ada keamanan, tidak ada tempat bersembunyi, tidak ada perlindungan di dunia yang aman dari kehadiran alien yang ada di sini. Itulah sebabnya hanya ada dua pilihan: Anda bisa merelakan atau Anda bisa membela kebebasan Anda.

Ini adalah keputusan besar yang dihadapi setiap orang. Ini adalah titik belok besar. Anda tidak boleh bersikap bodoh di Komunitas Besar. Lingkungan ini terlalu menuntut. Ini membutuhkan keunggulan dan komitmen. Dunia Anda terlalu berharga. Sumber daya di sini didambakan oleh pihak lain. Posisi strategis dunia Anda sangat dihargai. Bahkan jika Anda tinggal di dunia yang jauh dari rute perdagangan apa pun, jauh dari semua keterlibatan komersial, pada akhirnya Anda akan ditemukan oleh seseorang. Saat itu telah tiba untuk Anda sekarang. Dan kini sedang berlangsung.

Maka, bersemangatlah. Ini adalah masa untuk keberanian, bukan untuk ambivalensi. Gentingnya situasi yang Anda hadapi hanya menegaskan pentingnya hidup Anda dan respons Anda serta pentingnya persiapan yang diberikan di dunia saat ini. Ini bukan hanya demi pendidikan dan kemajuan Anda. Ini demi perlindungan Anda dan kelangsungan hidup Anda juga.

Tanya Jawab

Kami merasa bahwa penting, mengingat informasi yang telah kami sediakan sejauh ini, untuk menanggapi pertanyaan-pertanyaan yang pasti akan muncul mengenai realitas kami dan pentingnya pesan yang kami berikan.

◆

"Mengingat kurangnya bukti nyata, mengapakah orang-orang harus percaya apa yang Anda katakan tentang Intervensi?"

Pertama-tama, harus ada bukti besar mengenai kunjungan ke dunia Anda. Kami telah diberi tahu bahwa bukti sudah ada. Namun kami juga telah diberitahu oleh Kaum Tak Terlihat bahwa orang-orang tidak tahu bagaimana memahami bukti yang ada dan bahwa mereka memberikannya makna mereka sendiri — makna yang mereka ingin berikan, makna yang sebagian besar

memberikan kenyamanan dan penenteraman. Kami yakin bahwa ada cukup bukti untuk memverifikasi bahwa Intervensi sedang terjadi di dunia saat ini jika seseorang meluangkan waktu untuk melihat dan menyelidiki masalah ini. Fakta bahwa para pemerintah atau pemimpin agama Anda tidak mengungkapkan hal-hal semacam ini tidak berarti bahwa peristiwa-peristiwa besar semacam ini tidak terjadi di tengah-tengah Anda.

◆

"Bagaimanakah orang-orang dapat mengetahui bahwa Anda itu benar-benar ada?"

Mengenai realitas kami, kami tidak dapat menunjukkan kehadiran fisik kami kepada Anda, sehingga Anda harus mencamkan makna dan maksud kata-kata kami. Pada titik ini, ini bukan hanya masalah kepercayaan. Ini membutuhkan pengakuan yang lebih besar, Pengetahuan, resonansi. Kata-kata yang kami ucapkan kami yakini benar, tetapi itu tidak menjamin bahwa dapat diterima begitu saja. Kami tidak dapat mengendalikan respons atas pesan kami. Ada orang yang membutuhkan lebih banyak bukti daripada yang dapat diberikan. Bagi yang lain, bukti seperti itu tidak diperlukan, karena mereka akan merasakan suatu konfirmasi batin.

Sementara itu, mungkin kami tetap menjadi kontroversi, namun kami berharap dan kami percaya bahwa kata-kata kami dapat dipertimbangkan dengan serius dan bahwa bukti yang memang ada, yang substansial, dapat dikumpulkan dan dipahami oleh orang-orang yang bersedia memberikan hal ini upaya dan fokus mereka dalam kehidupan. Dari sudut pandang kami, tidak ada masalah, tantangan, atau peluang yang lebih besar yang memerlukan perhatian Anda.

Oleh karena itu, Anda berada di awal suatu pemahaman baru. Ini memang membutuhkan iman dan kepercayaan pada diri sendiri. Banyak yang akan menolak kata-kata kami hanya karena mereka percaya bahwa kami tidak mungkin ada.

Yang lain mungkin akan berpikir bahwa kami adalah bagian dari manipulasi yang sedang dilemparkan ke dunia. Kami tidak dapat mengendalikan respons-respons ini. Kami hanya dapat mengungkapkan pesan kami dan kehadiran kami dalam hidup Anda, betapa pun mungkin jauhnya kehadiran itu. Bukan kehadiran kami di sini yang terpenting, tetapi pesan yang kami sampaikan serta perspektif dan pemahaman yang lebih besar yang dapat kami sediakan untuk Anda. Pendidikan Anda harus dimulai di satu titik. Semua pendidikan dimulai dengan keinginan untuk mengetahui.

Kami berharap bahwa melalui wacana kami, kami dapat memperoleh setidaknya sebagian dari kepercayaan Anda untuk mulai menyingkap apa yang kami tawarkan di sini.

◆

"Apakah yang akan Anda katakan kepada mereka yang menganggap Intervensi sebagai sesuatu yang positif?"

Kami memahami, pertama-tama, anggapan bahwa semua kekuatan dari atas itu terkait dengan pemahaman spiritual, tradisi, dan kepercayaan-kepercayaan fundamental Anda. Gagasan bahwa ada kehidupan biasa di alam semesta merupakan tantangan bagi asumsi-asumsi fundamental ini. Dari sudut pandang kami dan mengingat pengalaman budaya kami sendiri, kami memahami anggapan ini. Di masa lalu yang jauh, kami mempertahankannya juga. Namun kami telah harus melepaskannya dalam menghadapi realitas Komunitas Besar kehidupan dan arti dari kunjungan.

Anda hidup di alam semesta fisik yang besar. Yang penuh dengan kehidupan. Kehidupan ini mewakili manifestasi yang tak terhitung jumlahnya dan juga mewakili evolusi kecerdasan dan kesadaran spiritual di semua tingkat. Artinya, apa yang akan Anda jumpai di Komunitas Besar mencakup hampir semua kemungkinan.

Akan tetapi, Anda terisolasi dan belum melakukan perjalanan di luar angkasa. Dan bahkan jika Anda memiliki kemampuan untuk mencapai dunia lain, alam semesta sangat luas, dan tidak ada yang pernah mencapai kemampuan untuk pergi dari satu ujung galaksi ke ujung lainnya dengan kecepatan apa pun. Oleh karena itu, alam semesta fisik tetap besar sekali dan tidak dapat dipahami. Tidak ada yang menguasai hukum-hukumnya. Tidak ada yang sudah menaklukkan wilayah-wilayahnya. Tidak ada yang dapat mengklaim dominasi atau kontrol penuh. Hidup memiliki efek merendahkan yang besar secara ini. Bahkan jauh melampaui perbatasan Anda, hal ini benar.

Anda kemudian harus menganggap bahwa Anda akan menjumpai kecerdasan yang mewakili kekuatan demi kebaikan, kekuatan demi ketidaktahuan, dan yang lebih netral mengenai Anda. Namun, dalam realitas perjalanan dan penjelajahan Komunitas Besar, ras yang sedang muncul seperti ras Anda akan, hampir tanpa kecuali, bertemu penjelajah sumber daya, kolektif, dan mereka yang mencari keuntungan untuk diri mereka sendiri dalam kontak pertama mereka dengan kehidupan Komunitas Besar.

Mengenai interpretasi positif dari kunjungan, satu sisi dari ini adalah harapan dan keinginan alami manusia untuk menyambut hasil yang baik dan untuk mencari bantuan dari Komunitas Besar untuk masalah-masalah yang belum dapat diselesaikan sendiri oleh umat manusia. Adalah wajar untuk mengharapkan hal-hal seperti itu, terutama ketika Anda mempertimbangkan bahwa para pengunjung Anda memiliki kemampuan yang lebih besar daripada Anda. Namun, sebagian besar masalah dalam menginterpretasikan kunjungan besar ini berkaitan dengan kemauan dan agenda para pengunjung itu sendiri. Karena mereka mendorong orang-orang di mana-mana untuk memandang kehadiran mereka di sini sebagai sepenuhnya bermanfaat bagi umat manusia dan bagi kebutuhannya.

◆

"Jika Intervensi ini sudah berlangsung, mengapa Anda tidak datang lebih awal?"

Di waktu sebelumnya, bertahun-tahun yang lalu, beberapa kelompok sekutu Anda datang ke dunia Anda untuk berkunjung dalam upaya memberikan pesan akan harapan, untuk mempersiapkan umat manusia. Namun sayangnya pesan mereka tidak dapat dipahami dan disalahgunakan oleh segelintir orang yang dapat menerimanya. Setelah kedatangan mereka, para pengunjung dari kolektif telah berkerumun dan berkumpul di sini. Sudah diketahui oleh kami bahwa ini akan terjadi, karena dunia Anda terlalu berharga untuk diabaikan, dan seperti yang telah kami katakan, dunia Anda tidak berada di bagian alam semesta yang terpencil dan jauh. Dunia Anda telah diamati sejak lama oleh mereka yang akan berusaha menggunakannya demi keuntungan mereka sendiri.

◆

"Mengapakah sekutu-sekutu kami tidak dapat menghentikan Intervensi?"

Kami hanya di sini untuk mengamati dan memberi nasihat. Keputusan-keputusan besar yang dihadapi umat manusia ada di tangan Anda. Tidak ada pihak lain yang dapat membuat keputusan untuk Anda. Bahkan teman-teman besar Anda jauh di luar dunia Anda tidak akan campur tangan, karena jika mereka melakukannya, itu akan mengakibatkan peperangan, dan dunia Anda akan menjadi medan pertempuran antar kekuatan yang berlawanan. Dan seandainya teman-teman Anda menang, Anda akan sepenuhnya bergantung pada mereka, tidak mampu membela diri sendiri atau mempertahankan keamanan Anda sendiri di alam semesta. Kami tidak mengetahui adanya ras penuh kebajikan yang akan ingin memikul beban ini. Dan sebenarnya, itu juga tidak akan membantu Anda. Karena Anda akan menjadi bangsa klien untuk kekuasaan lain dan harus diperintah dari jauh. Ini tidak menguntungkan Anda secara apa pun, dan karena alasan inilah hal ini tidak terjadi. Namun para pengunjung akan memerankan diri mereka sebagai penyelamat dan penolong umat manusia. Mereka akan memanfaatkan kenaifan Anda. Mereka akan mempergunakan harapan Anda, dan mereka akan berusaha untuk sepenuhnya mendapatkan manfaat dari kepercayaan Anda.

Oleh karena itu, keinginan kami yang tulus adalah bahwa kata-kata kami dapat berfungsi sebagai penangkal terhadap kehadiran mereka dan terhadap manipulasi dan penyalahgunaan mereka. Karena hak-hak Anda sedang dilanggar. Wilayah Anda sedang disusupi. Para pemerintahan Anda sedang dibujuk. Dan ideologi dan impuls keagamaan Anda sedang dialihkan.

Harus ada suara kebenaran tentang hal ini. Dan kami hanya bisa percaya bahwa Anda dapat menerima suara kebenaran ini. Kami hanya bisa berharap bahwa bujukan belum meluas terlalu jauh.

◆

"Apakah sasaran realistis yang harus kami tetapkan, dan apakah inti dari menyelamatkan umat manusia dari kehilangan kedaulatannya?"

Langkah pertama adalah kesadaran. Banyak orang harus menyadari bahwa Bumi sedang dikunjungi dan bahwa kekuatan-kekuatan asing berada di sini beroperasi secara rahasia, berusaha menyembunyikan agenda dan upaya mereka dari pemahaman manusia. Harus sangat jelas bahwa kehadiran mereka di sini adalah tantangan besar bagi kebebasan dan kedaulatan manusia. Agenda yang mereka lanjutkan dan Program Pasifikasi yang mereka sponsori harus dilawan dengan kepala dingin dan kearifan terkait kehadiran mereka. Pembatalan ini harus terjadi. Ada banyak orang di dunia saat ini yang mampu memahami hal ini. Oleh karena itu, langkah pertama adalah kesadaran.

Langkah berikutnya adalah pendidikan. Penting bagi banyak orang di berbagai budaya dan di berbagai negara untuk belajar tentang kehidupan di Komunitas Besar dan mulai memahami apa yang akan Anda hadapi dan bahkan sedang Anda hadapi saat ini.

Oleh karena itu, sasaran yang realistis adalah kesadaran dan pendidikan. Ini dengan sendirinya akan menghambat agenda para pengunjung di dunia. Mereka sekarang beroperasi dengan sangat sedikit perlawanan. Mereka mengalami hanya sedikit kendala. Semua orang yang ingin menganggap mereka sebagai "sekutu umat manusia" harus belajar bahwa tidak demikian halnya. Mungkin kata-kata kami tidak akan cukup, tetapi ini merupakan suatu awal.

◆

"Di manakah kami dapat menemukan pendidikan ini?"

Pendidikannya dapat ditemukan dalam Tata Cara Pengetahuan Komunitas Besar, yang sedang disajikan di dunia saat ini. Meskipun hal ini menyajikan suatu pemahaman baru tentang kehidupan dan spiritualitas di alam semesta, hal ini terhubung ke semua jalur spiritual asli yang sudah ada di dunia Anda — jalur spiritual yang menghargai kebebasan manusia dan makna dari spiritualitas sejati dan yang menghargai kerja sama, perdamaian, dan keharmonisan dalam keluarga manusia. Oleh karena itu, ajaran dalam Tata Cara Pengetahuan memanggil keluar semua kebenaran agung yang sudah ada di dunia Anda dan memberinya konteks dan arena ekspresi yang lebih besar. Secara ini, Tata Cara Pengetahuan Komunitas Besar tidak menggantikan agama-agama dunia, tetapi memberikannya konteks yang lebih besar di mana agama tersebut dapat benar-benar bermakna dan relevan dengan zaman Anda.

◆

"Bagaimana cara kami menyampaikan pesan Anda kepada orang lain?"

Kebenaran itu hidup di dalam diri setiap orang saat ini. Jika Anda dapat berbicara kepada kebenaran di dalam seseorang, hal ini akan menjadi lebih kuat dan mulai beresonansi. Harapan besar kami, harapan Kaum Tak Terlihat, kekuatan spiritual yang melayani dunia Anda, dan harapan mereka yang menghargai kebebasan manusia dan ingin melihat kemunculan Anda ke dalam Komunitas Besar berhasil terpenuhi, bergantung pada kebenaran ini yang hidup di dalam setiap orang. Kami tidak dapat memaksakan kesadaran ini kepada Anda. Kami hanya dapat mengungkapkannya kepada Anda dan percaya pada keagungan Pengetahuan yang Sang Pencipta telah berikan kepada Anda yang dapat memungkinkan Anda dan orang lain untuk merespons.

◆

"Di manakah letak kekuatan umat manusia dalam menentang Intervensi?"

Pertama-tama, kami memahami dari mengamati dunia Anda, dan dari apa yang dikatakan Kaum Tak Terlihat kepada kami mengenai hal-hal yang tidak dapat kami lihat, bahwa meskipun ada masalah-masalah besar di dunia, ada cukup kebebasan manusia untuk memberi Anda fondasi untuk menentang

Intervensi. Ini berbeda dengan banyak dunia lain di mana kebebasan individu dari awal tidak pernah dibangun. Ketika dunia-dunia tersebut menghadapi kekuatan asing di tengah-tengah mereka dan realitas kehidupan Komunitas Besar, kemungkinan bagi mereka untuk membangun kebebasan dan kemerdekaan sangat terbatas.

Oleh karena itu, Anda memiliki kekuatan besar dalam hal kebebasan manusia dikenal di dunia Anda dan dipraktikkan oleh banyak orang, meskipun mungkin tidak semuanya. Anda tahu Anda dapat kehilangan sesuatu. Anda menghargai apa yang sudah Anda miliki, sejauh apa pun itu telah dibangun. Anda tidak mau diperintah oleh kekuatan asing. Anda bahkan tidak mau diperintah dengan kejam oleh otoritas manusia. Oleh karena itu, ini adalah suatu awal.

Berikutnya, karena dunia Anda memiliki tradisi spiritual yang kaya yang telah memupuk Pengetahuan dalam diri individu dan memupuk kerja sama dan pemahaman manusia, realitas Pengetahuan sudah dibangun. Sekali lagi, di dunia-dunia lain di mana Pengetahuan tidak pernah dibangun, kemungkinan untuk membangunnya pada titik belok kemunculan ke dalam Komunitas Besar menunjukkan harapan kecil untuk sukses. Pengetahuan cukup kuat dalam cukup banyak orang di sini sehingga mereka dapat belajar tentang realitas kehidupan di Komunitas Besar dan memahami apa yang terjadi di tengah-tengah mereka saat ini. Karena alasan inilah kami penuh harapan, karena kami percaya pada kearifan manusia. Kami percaya bahwa orang-orang dapat mengatasi egoisme, keasyikan diri dan perlindungan diri untuk melihat kehidupan secara lebih besar dan untuk merasakan tanggung jawab yang lebih besar dalam melayani jenis mereka sendiri.

Mungkin rasa percaya kami tidak berdasar, tetapi kami percaya bahwa Kaum Tak Terlihat telah menasihati kami dengan bijak mengenai hal ini. Sebagai hasilnya, kami telah mengambil risiko dengan berada di dekat dunia Anda dan menyaksikan berbagai peristiwa di luar perbatasan Anda yang secara langsung memengaruhi masa depan dan takdir Anda.

Umat manusia memiliki potensi besar. Anda memiliki kesadaran yang semakin besar akan masalah-masalah di dunia — kurangnya kerja sama antar bangsa, degradasi lingkungan alam Anda, sumber daya Anda yang semakin menipis, dan sebagainya. Jika masalah-masalah ini tidak diketahui oleh masyarakat Anda, jika realitas-realitas ini telah disembunyikan dari masyarakat Anda, sampai pada tingkat di mana orang-orang tidak mengetahui adanya hal-hal ini, maka kami tidak akan begitu berharap. Namun, kenyataannya tetap saja bahwa umat manusia memiliki potensi dan janji untuk menangkal intervensi apa pun ke dunia.

◆

"Apakah Intervensi ini akan menjadi invasi militer?"

Seperti yang telah kami katakan, dunia Anda terlalu berharga untuk memicu invasi militer. Tidak ada pihak yang mengunjungi dunia Anda yang ingin menghancurkan infrastrukturnya atau sumber daya alamnya. Itulah sebabnya para pengunjung tidak ingin menghancurkan umat manusia, melainkan melibatkan umat manusia dalam pelayanan kepada kolektif mereka.

Bukan invasi militer yang mengancam Anda. Melainkan kekuatan pancingan dan bujukan. Ini akan dibangun di atas kelemahan Anda sendiri, di atas keegoisan Anda sendiri, di atas ketidaktahuan Anda tentang kehidupan di Komunitas Besar dan di atas optimisme buta Anda perihal masa depan Anda dan makna kehidupan di luar perbatasan Anda.

Untuk menangkal hal ini, kami menyediakan pendidikan dan kami berbicara tentang sarana persiapan yang dikirim ke dunia saat ini. Jika Anda belum mengetahui tentang kebebasan manusia, jika Anda belum menyadari masalah-masalah yang merongrong dunia Anda, maka kami tidak dapat mempercayakan persiapan semacam itu kepada Anda. Dan kami tidak akan memiliki keyakinan bahwa kata-kata kami akan beresonansi dengan kebenaran dari apa yang Anda ketahui.

◆

"Dapatkah Anda memengaruhi orang-orang sama kuatnya seperti para pengunjung, tetapi demi kebaikan?"

Niat kami bukan untuk memengaruhi individu. Niat kami hanya untuk menyajikan masalah dan realitas di mana Anda sedang muncul. Kaum Tak Terlihat lah yang memberikan sarana persiapan yang sebenarnya, karena itu datang dari Tuhan. Di sini, Kaum Tak Terlihat memengaruhi individu demi kebaikan.

Tetapi ada pembatasan. Seperti yang telah kami katakan, kedaulatan Anda yang harus diperkuat. Kekuatan Anda yang harus ditingkatkan. Kerja sama Anda di antara keluarga manusia yang harus didukung.

Ada batasan seberapa banyak bantuan yang dapat kami berikan. Kelompok kami kecil. Kami tidak berjalan di antara Anda. Oleh karena itu, pemahaman besar tentang realitas baru Anda harus dibagikan dari orang ke orang. Tidak bisa dipaksakan pada Anda dari kekuatan asing, walaupun jika itu demi kebaikan Anda sendiri. Kami tidak akan mendukung kebebasan dan kedaulatan Anda jika kami mensponsori program bujukan semacam itu. Di sini Anda tidak boleh seperti anak-anak. Anda harus menjadi dewasa dan bertanggung jawab. Kebebasan Anda yang dipertaruhkan. Dunia Anda yang dipertaruhkan. Kerja sama Anda satu sama lain yang dibutuhkan.

Anda sekarang memiliki alasan besar untuk menyatukan ras Anda, karena tak satu pun dari Anda akan mendapatkan manfaat tanpa yang lain. Tak satu pun bangsa akan mendapatkan manfaat jika ada bangsa lain yang jatuh di bawah kendali alien. Kebebasan manusia harus penuh. Kerja sama harus terjadi di seluruh dunia Anda. Karena semua orang berada dalam situasi yang sama sekarang. Para pengunjung tidak lebih menyukai satu kelompok daripada yang lain, satu ras daripada yang lain, satu bangsa daripada yang lain. Mereka hanya mencari jalur dengan perlawanan terkecil untuk membangun kehadiran mereka dan dominasi mereka atas dunia Anda.

◆

"Seberapa luas penyusupan mereka terhadap umat manusia?"

Para pengunjung memiliki kehadiran yang signifikan di negara-negara paling maju di dunia Anda, terutama negara-negara Eropa, Rusia, Jepang dan Amerika. Ini dipandang sebagai negara-negara terkuat, yang memiliki kekuasaan dan pengaruh terbesar. Di sanalah para pengunjung akan berkonsentrasi. Namun, mereka mengambil orang-orang dari seluruh dunia, dan mereka melanjutkan Program Pasifikasi mereka dengan semua yang mereka tangkap, jika individu-individu tersebut dapat responsif terhadap pengaruh mereka. Oleh karena itu, kehadiran para pengunjung ada di seluruh dunia, tetapi mereka berkonsentrasi pada orang-orang yang mereka harapkan akan menjadi sekutu mereka. Ini adalah negara-negara dan para pemerintah dan pemimpin agama yang memegang kekuasaan terbesar dan mendominasi pemikiran dan keyakinan manusia.

◆

"Berapa banyak waktu yang kami miliki?"

Berapa banyak waktu yang Anda miliki? Anda punya waktu, berapa banyaknya tidak dapat kami pastikan. Tapi kami datang dengan pesan penting. Ini bukan masalah yang dapat dihindari atau ditolak begitu saja. Dari sudut pandang kami, ini adalah tantangan terpenting yang dihadapi umat manusia. Ini adalah masalah terbesar, prioritas utama. Anda terlambat dalam persiapan Anda. Ini disebabkan oleh banyak faktor di luar kendali kami. Tetapi waktu masih ada, jika Anda dapat merespons. Hasilnya tidak dapat dipastikan namun masih ada harapan untuk keberhasilan Anda.

◆

"Bagaimana kami bisa fokus pada Intervensi ini mengingat besarnya masalah global lainnya yang terjadi saat ini?"

Pertama-tama, kami merasa bahwa tidak ada masalah lain di dunia yang sepenting ini. Dari sudut pandang kami, apa pun yang dapat Anda selesaikan sendiri tidak akan banyak artinya di masa depan jika kebebasan Anda hilang. Apakah yang dapat Anda harapkan? Apakah yang dapat Anda capai atau amankan jika Anda tidak bebas di Komunitas Besar? Semua pencapaian Anda akan diberikan kepada para gubernur baru Anda; semua kekayaan Anda akan dilimpahkan kepada mereka. Dan meskipun para pengunjung Anda tidak kejam, mereka sepenuhnya berkomitmen pada agenda mereka. Anda dihargai hanya sejauh Anda dapat berguna untuk tujuan mereka. Karena alasan inilah kami tidak merasa bahwa ada masalah lain sepenting ini yang dihadapi umat manusia.

◆

"Siapakah yang cenderung merespons situasi ini?"

Mengenai siapa yang dapat merespons, ada banyak orang di dunia saat ini yang memiliki pengetahuan inheren tentang Komunitas Besar dan yang peka terhadapnya. Ada banyak orang lain yang telah diambil oleh para pengunjung tetapi yang belum menyerah pada mereka atau pada bujukan mereka. Dan ada banyak orang lain yang peduli tentang masa depan umat manusia dan waspada terhadap bahaya yang dihadapi umat manusia, bahkan di dalam dunia Anda sendiri. Orang-orang di semua atau salah satu dari tiga kategori ini mungkin termasuk yang pertama merespons terhadap realitas Komunitas Besar dan terhadap persiapan menghadapi Komunitas Besar. Mereka mungkin datang dari latar belakang kehidupan apa pun, dari negara apa pun, dari latar belakang agama apa pun atau dari kelompok ekonomi apa pun. Mereka benar-benar ada di seluruh penjuru dunia. Pada mereka dan pada respons mereka lah Kuasa-Kuasa Spiritual agung yang melindungi dan mengawasi kesejahteraan manusia bergantung.

◆

"Anda menyebutkan bahwa individu-individu diambil dari seluruh penjuru dunia. Bagaimanakah orang-orang dapat melindungi diri mereka sendiri atau orang lain dari penculikan?"

Semakin Anda dapat menjadi kuat dengan Pengetahuan dan menyadari kehadiran para pengunjung, Anda semakin berkurang menjadi subjek yang bagus bagi studi dan manipulasi mereka. Semakin Anda menggunakan pertemuan Anda dengan mereka untuk mendapatkan wawasan tentang mereka, semakin besar Anda menjadi risiko bagi mereka. Seperti yang telah kami katakan, mereka mencari jalur dengan paling sedikit hambatan. Mereka menginginkan individu yang patuh dan menyerah. Mereka menginginkan individu yang memberi mereka sedikit masalah dan sedikit kekhawatiran.

Namun ketika Anda menjadi kuat dengan Pengetahuan, Anda akan berada di luar kendali mereka karena sekarang mereka tidak dapat menangkap pikiran atau hati Anda. Dan seiring waktu, Anda akan memiliki kuasa persepsi untuk melihat ke dalam pikiran mereka, yang tidak mereka inginkan. Anda kemudian menjadi bahaya bagi mereka, tantangan bagi mereka, dan mereka akan menghindari Anda jika mungkin.

Para pengunjung tidak ingin tersingkap. Mereka tidak menginginkan konflik. Mereka terlalu percaya diri bahwa mereka dapat mencapai tujuan mereka tanpa perlawanan serius dari keluarga manusia. Tetapi begitu perlawanan dimulai, begitu kuasa Pengetahuan terbangun dalam diri individu, maka para pengunjung menghadapi rintangan yang jauh lebih berat. Intervensi mereka di sini menjadi terhambat dan lebih sulit untuk dicapai. Dan bujukan mereka terhadap orang-orang yang berkuasa menjadi lebih sulit untuk dijalankan. Oleh karena itu, respons dan komitmen individu terhadap kebenaranlah yang penting di sini.

Sadarilah kehadiran para pengunjung. Jangan menyerah pada bujukan bahwa kehadiran mereka di sini bersifat spiritual atau memiliki manfaat atau penyelamatan besar bagi umat manusia. Lawanlah bujukannya. Dapatkan kembali otoritas batin Anda sendiri, karunia agung yang telah diberikan Sang Pencipta kepada Anda. Jadilah kekuatan yang harus diperhitungkan perihal siapa pun yang akan melanggar atau menyangkal hak-hak fundamental Anda.

Ini adalah Kuasa Spiritual yang diungkapkan. Adalah Kehendak Sang Pencipta bahwa umat manusia muncul ke dalam Komunitas Besar secara bersatu dalam dirinya sendiri dan bebas dari intervensi dan dominasi asing. Adalah Kehendak Sang Pencipta bahwa Anda harus mempersiapkan demi masa depan yang tidak akan seperti masa lalu Anda. Kami berada di sini melayani Sang Pencipta, dan dengan demikian kehadiran dan kata-kata kami melayani tujuan ini.

◆

"Jika para pengunjung menghadapi perlawanan dari umat manusia atau individu-individu tertentu, akankah mereka datang dalam jumlah yang lebih besar atau akankah mereka pergi?"

Jumlah mereka tidak banyak. Jika mereka menghadapi perlawanan yang cukup besar, mereka akan harus mundur dan membuat rencana baru. Mereka sepenuhnya yakin bahwa misi mereka dapat dipenuhi tanpa hambatan serius. Namun seandainya muncul hambatan serius, maka intervensi dan bujukan mereka akan digagalkan, dan mereka akan harus mencari cara lain untuk mendapat kontak dengan umat manusia.

Kami percaya bahwa keluarga manusia dapat menghasilkan cukup perlawanan dan cukup konsensus untuk menangkal pengaruh ini. Di atas inilah kami mendasarkan harapan dan upaya kami.

◆

"Apakah pertanyaan terpenting yang harus kami tanyakan tentang diri kami dan orang lain sehubungan dengan persoalan penyusupan alien ini?"

Mungkin pertanyaan paling kritis untuk ditanyakan pada diri Anda sendiri adalah, "Apakah kami manusia sendirian di alam semesta atau di dalam dunia kami sendiri? Apakah kami sedang dikunjungi saat ini? Apakah kunjungan ini bermanfaat bagi kami? Apakah kami perlu mempersiapkan?"

Ini adalah pertanyaan-pertanyaan yang sangat fundamental, tetapi harus ditanyakan. Namun, ada banyak pertanyaan yang tidak dapat dijawab, karena Anda tidak cukup tahu tentang kehidupan di Komunitas Besar, dan Anda belum yakin bahwa Anda memiliki kemampuan untuk menangkal pengaruh-pengaruh ini. Ada banyak hal yang kurang dalam pendidikan manusia, yang terutama terfokus pada masa lalu. Umat manusia sedang muncul keluar dari kondisi relatif terisolasi yang lama. Pendidikannya, nilai-nilainya dan institusinya semua didirikan dalam keadaan terisolasi ini. Namun kini isolasi Anda sudah berakhir, selamanya. Selalu diketahui bahwa hal ini akan terjadi. Hal ini tidak dapat dihindari. Oleh karena itu, pendidikan Anda dan nilai-nilai Anda sedang masuki suatu konteks baru, yang harus diadaptasi. Dan adaptasi harus terjadi dengan cepat karena sifat dari Intervensi di dunia saat ini.

Akan muncul banyak pertanyaan yang tidak dapat Anda jawab. Anda harus menerima hal ini. Pendidikan Anda tentang Komunitas Besar berada di sangat awal. Anda harus mendekatinya dengan kepala dingin dan penuh perhatian. Anda harus menetralkan kecenderungan Anda sendiri untuk mencoba dan membuat situasi ini menyenangkan atau menenteramkan. Anda harus mengembangkan objektivitas tentang kehidupan, dan Anda harus melihat melampaui lingkup minat pribadi Anda sendiri untuk menempatkan diri Anda dalam posisi untuk merespons kekuatan-kekuatan dan peristiwa-peristiwa yang lebih besar yang membentuk dunia Anda dan masa depan Anda.

◆

"Bagaimana jika cukup banyak orang tidak dapat merespons?"

Kami yakin bahwa cukup banyak orang dapat merespons dan memulai pendidikan besar mereka tentang kehidupan di Komunitas Besar untuk memberikan janji dan harapan kepada keluarga manusia. Jika hal ini tidak dapat dicapai, maka mereka yang menghargai kebebasan mereka dan yang memiliki pendidikan ini harus mundur. Mereka harus menjaga Pengetahuan tetap hidup di dunia saat dunia jatuh di bawah kendali penuh. Ini adalah alternatif yang sangat buruk, namun telah terjadi di dunia-dunia lain. Perjalanan kembali menuju kebebasan dari posisi seperti itu cukup sulit. Kami berharap ini tidak menjadi nasib Anda, dan itulah sebabnya kami berada di sini memberikan Anda informasi ini. Seperti yang telah kami katakan, ada cukup banyak orang di dunia yang dapat merespons untuk mengimbangi niat para pengunjung dan untuk menggagalkan pengaruh mereka terhadap urusan manusia dan nilai-nilai manusia.

◆

"Anda berbicara tentang dunia-dunia lain yang muncul ke dalam Komunitas Besar. Dapatkah Anda berbicara tentang keberhasilan dan kegagalan yang mungkin relevan terhadap situasi kami?"

Telah ada keberhasilan atau kami tidak akan berada di sini. Dalam kasus saya, sebagai pembicara untuk kelompok kami, dunia kami sudah sangat disusupi sebelum kami menyadari situasinya. Pendidikan kami dipicu oleh kedatangan satu kelompok seperti kami, yang memberikan wawasan dan informasi mengenai situasi kami. Ada pedagang sumber daya alien di dunia kami yang berinteraksi dengan pemerintah kami. Mereka yang berkuasa saat itu diyakinkan bahwa perdagangan dan niaga akan bermanfaat bagi kami, karena kami mulai mengalami penurunan sumber daya. Meskipun ras kami bersatu, tidak seperti ras Anda, kami mulai sepenuhnya bergantung pada teknologi dan peluang-peluang baru yang disajikan kepada kami. Namun saat hal itu terjadi, ada pergeseran di pusat kekuasaan. Kami mulai menjadi klien. Para pengunjung mulai menjadi penyedia layanan. Seiring berjalannya waktu, syarat dan larangan diberikan kepada kami, secara halus pada awalnya.

Fokus agama dan kepercayaan kami juga dipengaruhi oleh para pengunjung, yang menunjukkan minat pada nilai-nilai spiritual kami tetapi yang ingin memberi kami pemahaman baru, pemahaman berdasarkan kolektif, berdasarkan kerja sama pikiran-pikiran yang berpikir serupa secara serempak satu sama lain. Hal ini disajikan kepada ras kami sebagai ungkapan spiritual dan pencapaian. Sebagian terbujuk, namun karena kami mendapat nasihat baik dari sekutu kami di luar dunia kami, sekutu seperti kami sendiri, kami memulai gerakan perlawanan dan seiring waktu mampu memaksa pengunjung untuk meninggalkan dunia kami.

Sejak saat itu, kami telah belajar banyak tentang Komunitas Besar. Perdagangan yang kami pertahankan sangat selektif, hanya dengan beberapa bangsa lain. Kami telah mampu menghindari para kolektif, dan itu telah mempertahankan kemerdekaan kami. Namun keberhasilan kami sulit diraih, karena banyak dari kami yang harus mati dalam menghadapi konflik ini. Kisah kami adalah kisah keberhasilan, tetapi bukan tanpa korban. Ada lainnya dalam kelompok kami yang mengalami kesulitan yang mirip dalam interaksi mereka dengan kekuatan intervensi di Komunitas Besar. Namun karena kami akhirnya belajar untuk melakukan perjalanan melampaui perbatasan kami, kami menjalin persekutuan satu sama lain. Kami berhasil mempelajari apa artinya spiritualitas dalam Komunitas Besar. Dan Kaum Tak Terlihat, yang melayani dunia kami juga, membantu kami dalam hal ini untuk melakukan transisi besar dari isolasi ke kesadaran Komunitas Besar.

Namun ada banyak kegagalan yang kami ketahui. Budaya-budaya di mana masyarakat pribumi belum membangun kebebasan pribadi atau belum merasakan buah dari kerja sama, meskipun mereka maju secara teknologi, mereka tidak memiliki fondasi untuk membangun kemandirian mereka sendiri di alam semesta. Kemampuan mereka untuk melawan para kolektif sangat terbatas. Dipancing dengan janji-janji kekuasaan yang lebih besar, teknologi yang lebih besar dan kekayaan yang lebih besar, dan dipancing dengan perdagangan di Komunitas Besar yang tampaknya bermanfaat, pusat kekuasaan mereka meninggalkan dunia mereka. Pada akhirnya, mereka menjadi sepenuhnya bergantung pada pihak yang memasok mereka dan yang menguasai sumber daya mereka dan infrastruktur mereka.

Tentunya Anda dapat membayangkan bagaimana hal ini bisa terjadi. Bahkan di dalam dunia Anda sendiri menurut sejarah Anda, Anda telah melihat bangsa-bangsa kecil jatuh di bawah dominasi bangsa-bangsa besar. Anda dapat melihat hal ini bahkan saat ini. Oleh karena itu, gagasan-gagasan ini tidak sepenuhnya asing bagi Anda. Di Komunitas Besar, seperti di dunia Anda, yang kuat akan mendominasi yang lemah, jika mereka bisa. Ini adalah realitas kehidupan di mana-mana. Dan karena alasan inilah kami mendorong kesadaran Anda dan persiapan Anda, agar Anda menjadi kuat dan kedaulatan Anda dapat tumbuh.

Mungkin menjadi kekecewaan besar bagi banyak orang untuk memahami dan belajar bahwa kebebasan adalah hal langka di alam semesta. Ketika bangsa-bangsa menjadi lebih kuat dan secara teknologi lebih maju, mereka membutuhkan keseragaman dan kepatuhan yang lebih besar di antara masyarakat mereka. Ketika mereka menyeberang ke dalam Komunitas Besar dan menjadi terlibat dalam urusan-urusan Komunitas Besar, toleransi untuk ekspresi individu berkurang sampai ke titik di mana bangsa-bangsa besar yang memiliki kekayaan dan kekuasaan diperintah dengan keketatan dan ketepatan yang menurut Anda sangat buruk.

Di sini Anda harus belajar bahwa kemajuan teknologi dan kemajuan spiritual tidaklah sama, suatu pelajaran yang belum dipelajari umat manusia dan yang harus Anda pelajari jika Anda akan menggunakan kearifan alami Anda dalam hal-hal ini.

Dunia Anda sangat dihargai. Dunia Anda kaya secara biologis. Anda duduk di atas hadiah yang harus Anda lindungi jika Anda akan menjadi pengelola dan penerima manfaatnya. Tinjaulah masyarakat di dunia Anda yang telah kehilangan kebebasan mereka karena mereka tinggal di tempat yang dianggap berharga oleh orang lain. Kini yang sangat terancam adalah seluruh keluarga manusia.

◆

"Karena para pengunjung sangat terampil dalam memproyeksikan pemikiran dan memengaruhi Lingkungan Mental orang-orang, bagaimanakah kami dapat memastikan diri bahwa apa yang kami lihat adalah nyata?"

Satu-satunya dasar untuk persepsi yang arif adalah pengembangan Pengetahuan. Jika Anda hanya mempercayai apa yang Anda lihat, maka Anda hanya akan mempercayai apa yang ditunjukkan kepada Anda. Kami telah diberitahu bahwa banyak orang memiliki perspektif ini. Namun kami telah belajar bahwa Kaum Arif di mana-mana harus mencapai visi yang lebih besar dan ketajaman yang lebih besar. Memang benar bahwa para pengunjung Anda dapat memproyeksikan gambar orang-orang kudus Anda dan tokoh-tokoh agama Anda. Meskipun ini tidak sering dipraktikkan, hal itu tentu dapat digunakan untuk membangkitkan komitmen dan dedikasi di antara mereka yang sudah menganut kepercayaan seperti itu. Di sini, spiritualitas Anda menjadi daerah rawan di mana Kearifan harus digunakan.

Namun Sang Pencipta telah memberi Anda Pengetahuan sebagai fondasi untuk ketajaman sejati. Anda dapat mengetahui apa yang Anda lihat jika Anda bertanya pada diri sendiri apakah itu nyata. Namun untuk melakukan ini, Anda harus memiliki fondasinya, dan itulah sebabnya ajaran dalam Tata Cara Pengetahuan sangat fundamental untuk mempelajari Spiritualitas Komunitas Besar. Tanpa ini, orang-orang akan mempercayai apa yang ingin mereka percayai, dan mereka akan bergantung pada apa yang mereka lihat dan apa yang ditunjukkan kepada mereka. Dan potensi mereka demi kebebasan sudah hilang, karena dari awal hal itu tidak pernah diizinkan untuk berkembang.

◆

"Anda berbicara tentang menjaga Pengetahuan tetap hidup. Seberapa banyak yang dibutuhkan untuk menjaga Pengetahuan tetap hidup di dunia?"

Kami tidak dapat memberi Anda angka, tetapi hal ini harus cukup kuat untuk menghasilkan suara dalam budaya-budaya

Anda sendiri. Jika pesan ini hanya dapat diterima oleh segelintir orang, maka mereka tidak akan memiliki suara ini atau kekuatan ini. Di sini mereka harus berbagi kearifan mereka. Tidak bisa untuk pendidikan mereka belaka. Banyak lagi yang harus belajar tentang pesan ini, jauh lebih banyak daripada yang dapat menerimanya hari ini.

◆

"Apakah ada bahaya dalam menyajikan pesan ini?"

Selalu ada bahaya dalam menyajikan kebenaran, tidak hanya di dunia Anda, tetapi di tempat lain. Orang-orang mendapatkan keunggulan dari keadaan saat ini. Para pengunjung akan menawarkan keunggulan kepada orang-orang yang berkuasa yang dapat menerima mereka dan yang tidak kuat dalam Pengetahuan. Orang-orang menjadi terbiasa dengan keunggulan-keunggulan ini dan membangun kehidupan mereka di atasnya. Ini membuat mereka menolak atau bahkan memusuhi penyajian kebenaran, yang memanggil tanggung jawab mereka dalam melayani orang lain dan yang mungkin mengancam dasar dari kekayaan dan pencapaian mereka.

Inilah sebabnya kami tersembunyi dan tidak berjalan di dunia Anda. Tentunya para pengunjung akan menumpas kami jika mereka dapat menemukan kami. Tetapi umat manusia mungkin berusaha menumpas kami juga karena apa yang kami wakili, karena tantangan dan realitas baru yang kami tunjukkan.

Tidak semua orang siap menerima kebenaran, meskipun ini sangat dibutuhkan.

◆

"Apakah individu-individu yang kuat dengan Pengetahuan dapat memengaruhi para pengunjung?"

Peluang keberhasilannya di sini sangat terbatas. Anda berhadapan dengan kolektif makhluk yang telah dibiakkan untuk patuh, yang seluruh hidup dan pengalamannya telah diliputi dan dilahirkan oleh mentalitas kolektif. Mereka tidak berpikir untuk diri mereka sendiri. Karena alasan ini, kami tidak merasa bahwa Anda dapat memengaruhi mereka. Sedikit di antara keluarga manusia yang memiliki kekuatan untuk melakukan ini, dan bahkan di sini kemungkinan untuk berhasil akan sangat terbatas. Maka jawabannya harus "Tidak." Demi semua tujuan praktis, Anda tidak dapat membujuk mereka.

◆

"Bagaimanakah kolektif berbeda dari umat manusia yang bersatu?"

Kolektif terdiri dari berbagai ras beserta makhluk-makhluk yang dibiakkan untuk melayani ras tersebut. Banyak makhluk yang dijumpai di dunia telah dibiakkan oleh kolektif untuk menjadi pelayan. Warisan genetik mereka telah lama hilang dari mereka. Mereka dibiakkan untuk melayani, seperti Anda membiakkan hewan untuk melayani Anda. Kerja sama manusia yang kami dukung adalah kerja sama yang melestarikan penentuan nasib sendiri individu dan memberikan posisi kekuatan di mana umat manusia dapat berinteraksi, tidak hanya dengan para kolektif tetapi dengan ras-ras lain yang akan mengunjungi perbatasan Anda di masa depan.

Kolektif didasarkan pada satu kepercayaan, satu set prinsip dan satu otoritas. Penekanannya adalah kesetiaan total pada suatu gagasan atau cita-cita. Hal ini tidak hanya dilahirkan dalam pendidikan para pengunjung Anda, tetapi dalam kode genetik mereka juga. Itulah sebabnya perilaku mereka seperti itu. Ini adalah kekuatan sekaligus kelemahan mereka. Mereka memiliki kekuatan besar dalam Lingkungan Mental karena pikiran mereka bersatu. Tetapi mereka lemah karena mereka tidak dapat berpikir untuk diri mereka sendiri. Mereka tidak begitu dapat berhasil menangani kerumitan atau kesulitan. Seorang pria atau wanita Pengetahuan akan tidak dapat dipahami oleh mereka.

Umat manusia harus bersatu untuk melestarikan kebebasannya, tetapi ini adalah pembentukan yang sangat berbeda dari menciptakan kolektif. Kami menyebut mereka "kolektif" karena mereka adalah kolektif dari berbagai ras dan kebangsaan. Kolektif bukanlah satu ras. Meskipun ada banyak ras di Komunitas Besar yang diperintah oleh suatu otoritas dominan, kolektif adalah organisasi yang meluas melampaui kesetiaan satu ras pada dunianya sendiri.

Kolektif dapat memiliki kekuatan besar. Namun karena ada banyak kolektif, mereka cenderung bersaing satu sama lain, yang mencegah salah satu dari mereka menjadi dominan. Selain itu, berbagai bangsa di Komunitas Besar memiliki perselisihan satu sama lain yang sudah berlangsung lama, yang sulit dijembatani. Mungkin mereka sudah lama bersaing demi sumber daya yang sama. Mungkin mereka bersaing satu sama lain untuk menjual sumber daya yang mereka miliki. Namun kolektif adalah hal yang berbeda. Seperti yang kami katakan di sini, kolektif tidak didasarkan pada satu ras dan satu dunia. Kolektif adalah hasil dari penaklukan dan dominasi. Itulah sebabnya pengunjung Anda terdiri dari berbagai ras makhluk di berbagai tingkat otoritas dan komando.

◆

"Di dunia lain yang telah berhasil bersatu, apakah mereka mempertahankan kebebasan berpikir individu?"

Pada tingkatan yang berbeda-beda. Beberapa sampai pada tingkat yang sangat tinggi, yang lain kurang begitu, tergantung sejarah mereka, karakter psikologis mereka dan kebutuhan untuk bertahan hidup mereka sendiri. Kehidupan Anda di dunia relatif mudah dibandingkan di mana ras lain telah berkembang. Sebagian besar tempat di mana ada kehidupan berakal telah dijajah, karena tidak banyak planet terestrial seperti Anda yang menyediakan begitu banyak kekayaan sumber daya biologis. Sebagian besar, kebebasan mereka tergantung pada kekayaan lingkungan mereka. Tetapi mereka semua telah berhasil menggagalkan penyusupan alien dan telah membangun jalur perdagangan, niaga, dan komunikasi mereka sendiri berdasarkan penentuan nasib mereka sendiri. Ini adalah pencapaian yang langka dan harus diupayakan dan dilindungi.

◆

"Apakah yang diperlukan untuk mencapai persatuan manusia?"

Umat manusia sangat rentan di Komunitas Besar. Kerentanan ini, seiring waktu, dapat memupuk kerja sama fundamental di antara keluarga manusia, karena Anda harus bergabung dan bersatu untuk bertahan hidup dan untuk maju. Ini adalah bagian dari memiliki kesadaran Komunitas Besar. Jika ini didasarkan pada prinsip-prinsip kontribusi, kebebasan dan ekspresi diri manusia, maka kemandirian Anda dapat menjadi sangat kuat dan sangat kaya. Tetapi harus ada kerja sama yang lebih besar di dunia. Orang-orang tidak boleh hidup untuk dirinya sendiri saja atau menempatkan tujuan pribadi mereka di atas dan melampaui kebutuhan semua orang lain. Beberapa orang mungkin menganggap ini sebagai kehilangan kebebasan. Kami melihatnya sebagai jaminan untuk kebebasan masa depan. Karena mengingat sikap yang lazim di dunia saat ini, kebebasan masa depan Anda akan sangat sulit untuk dijaga atau dipertahankan. Perhatikanlah. Orang-orang yang didorong oleh keegoisan mereka sendiri adalah kandidat sempurna untuk pengaruh dan manipulasi asing. Jika mereka berada di posisi kekuasaan, mereka akan menyerahkan kekayaan bangsa mereka, kebebasan bangsa mereka dan sumber daya bangsa mereka demi mendapatkan keuntungan bagi diri mereka sendiri.

Oleh karena itu, diperlukan kerja sama yang lebih besar. Tentunya Anda dapat melihat hal ini. Tentunya hal ini jelas, bahkan di dalam dunia Anda sendiri. Tapi ini sangat berbeda dari kehidupan kolektif, di mana ras-ras telah didominasi dan dikendalikan, di mana mereka yang patuh dibawa ke dalam kolektif dan mereka yang tidak patuh diasingkan atau dibinasakan. Tentunya pembentukan semacam itu, meskipun mungkin memiliki pengaruh besar, tidak mungkin bermanfaat bagi para anggotanya. Namun ini adalah jalur yang telah diambil oleh banyak ras di Komunitas Besar. Kami tidak ingin melihat umat manusia jatuh ke dalam organisasi seperti itu. Itu akan merupakan tragedi dan kerugian besar.

◆

"Bagaimanakah perspektif manusia berbeda dari perspektif Anda?"

Salah satu perbedaannya adalah bahwa kami telah mengembangkan perspektif Komunitas Besar, yang merupakan cara yang lebih tidak berpusat pada diri sendiri dalam memandang dunia. Ini adalah sudut pandang yang memberikan kejelasan besar dan dapat memberikan kepastian besar mengenai masalah-masalah yang lebih kecil yang Anda hadapi dalam urusan sehari-hari Anda. Jika Anda dapat memecahkan masalah besar, maka Anda dapat memecahkan masalah-masalah yang lebih kecil. Anda punya masalah besar. Setiap manusia di dunia menghadapi masalah besar ini. Ini dapat mempersatukan Anda dan memungkinkan Anda mengatasi perbedaan dan konflik lama Anda. Ini sehebat dan sekuat itu. Inilah sebabnya kami mengatakan ada kemungkinan untuk penebusan dalam situasi yang mengancam kesejahteraan Anda dan masa depan Anda.

Kami tahu bahwa kuasa Pengetahuan dalam diri individu dapat memulihkan individu itu dan semua hubungan mereka ke tingkat pencapaian, pengakuan, dan kemampuan yang lebih tinggi. Anda harus menemukan ini sendiri.

Kehidupan kami sangat berbeda. Salah satu perbedaannya adalah bahwa hidup kami diberikan untuk melayani, suatu layanan yang telah kami pilih. Kami memiliki kebebasan untuk memilih dan dengan demikian pilihan kami nyata dan bermakna dan didasarkan pada pemahaman kami sendiri. Dalam kelompok kami ada perwakilan dari beberapa dunia yang berbeda. Kami telah datang bersama untuk melayani umat manusia. Kami mewakili aliansi yang lebih besar yang lebih bersifat spiritual.

◆

"Pesan ini datang melalui satu orang. Mengapa Anda tidak menghubungi semua orang jika ini sangat penting?"

Ini hanyalah masalah efisiensi. Kami tidak mengendalikan siapa yang dipilih untuk menerima kami. Itu adalah masalah bagi Kaum Tak Terlihat, mereka yang secara patut Anda sebut "Malaikat." Kami menganggap mereka secara ini. Mereka telah memilih orang ini, seseorang yang tidak memiliki posisi di dunia, yang tidak diakui di dunia, seseorang yang telah dipilih karena kualitasnya dan karena warisannya di Komunitas Besar. Kami senang memiliki seorang melalui siapa kami dapat berbicara. Jika kami berbicara melalui lebih banyak orang, mereka mungkin akan tidak setuju satu sama lain, dan pesannya akan menjadi membingungkan dan hilang.

Kami memahami, dari kesiswaan kami sendiri, bahwa transmisi kearifan spiritual umumnya diberikan melalui satu individu, dengan dukungan orang-orang lain. Individu ini harus menanggung beban dan tanggungan dan risiko sebagai yang terpilih. Kami menghormati beliau untuk melakukan hal ini, dan kami memahami betapa mungkin beratnya hal ini. Mungkin ini akan disalahartikan dan itulah sebabnya Kaum Arif harus tetap tersembunyi. Kami harus tetap tersembunyi. Beliau harus tetap tersembunyi. Secara ini, pesan dapat diberikan, dan utusannya dapat dipertahankan. Karena akan ada permusuhan terhadap pesan ini. Para pengunjung akan menentangnya dan sudah menentangnya. Oposisi mereka dapat menjadi signifikan tetapi terutama akan ditujukan pada utusan itu sendiri. Karena alasan inilah sang utusan harus dilindungi.

Kami tahu bahwa jawaban untuk pertanyaan-pertanyaan ini akan menimbulkan lebih banyak pertanyaan. Dan banyak yang tidak dapat dijawab, bahkan mungkin untuk waktu yang lama. Kaum Arif di mana-mana harus hidup dengan pertanyaan-pertanyaan yang belum dapat mereka jawab.

Melalui kesabaran dan ketekunan mereka maka jawaban nyata muncul dan mereka dapat mengalaminya dan mewujudkannya.

KATA PENUTUP

Umat manusia berada di suatu awal baru. Anda menghadapi situasi yang genting. Kebutuhan akan pendidikan dan pemahaman baru sangat penting. Kami berada di sini untuk melayani kebutuhan ini atas permintaan Kaum Tak Terlihat. Mereka mengandalkan kami untuk berbagi kearifan kami, karena kami hidup di dunia fisik, seperti halnya Anda. Kami bukan makhluk malaikat. Kami tidak sempurna. Kami belum mencapai tingkat tinggi kesadaran dan pencapaian spiritual. Dan oleh karena itu kami percaya bahwa pesan kami kepada Anda tentang Komunitas Besar akan lebih relevan dan lebih mudah diterima. Kaum Tak Terlihat lebih tahu daripada kami tentang kehidupan di alam semesta dan tentang tingkat kemajuan dan pencapaian yang tersedia dan yang dipraktikkan di banyak tempat. Namun, mereka telah meminta kami untuk berbicara mengenai realitas kehidupan fisik karena kami sepenuhnya terlibat di sana. Dan kami telah belajar melalui coba dan kesalahan kami sendiri tentang pentingnya dan arti dari apa yang kami bagikan dengan Anda.

Maka, kami datang sebagai Sekutu Umat Manusia, karena kami memang itu. Bersyukurlah bahwa Anda memiliki sekutu yang dapat membantu Anda dan yang dapat mendidik Anda dan yang dapat mendukung kekuatan Anda, kebebasan Anda dan pencapaian Anda. Karena tanpa bantuan ini, kemungkinan Anda bertahan hidup dari jenis penyusupan alien yang Anda alami sekarang akan sangat terbatas. Ya, akan ada segelintir individu yang akan menyadari situasi sebagaimana adanya, tetapi jumlah mereka tidak akan cukup besar, dan suara mereka tidak akan terdengar.

Di sini, kami hanya dapat meminta kepercayaan Anda. Kami berharap bahwa melalui kearifan kata-kata kami dan melalui peluang yang Anda miliki untuk mempelajari makna dan relevansinya, maka kami dapat memperoleh kepercayaan ini seiring waktu, karena Anda memiliki sekutu di Komunitas Besar. Anda memiliki teman-teman besar di luar dunia ini yang telah menderita tantangan yang Anda hadapi sekarang dan telah mencapai keberhasilan. Karena kami telah dibantu, maka kami sekarang harus membantu orang lain. Ini adalah perjanjian sakral kami. Kepada inilah kami sangat berkomitmen.

SOLUSI

PADA INTINYA,
SOLUSI TERHADAP INTERVENSI BUKAN TENTANG
TEKNOLOGI, POLITIK ATAU KEKUATAN MILITER.

Ini adalah tentang pembaruan semangat manusia.

Ini adalah tentang orang-orang menyadari Intervensi dan berbicara menentangnya.

Ini adalah tentang mengakhiri isolasi dan cemoohan yang mencegah orang-orang mengekspresikan apa yang mereka lihat dan ketahui.

Ini adalah tentang mengatasi rasa takut, penghindaran, fantasi dan penipuan.

Ini adalah tentang orang-orang menjadi kuat, sadar dan berdaya.

Sekutu Umat Manusia memberikan nasihat kritis yang memungkinkan kita untuk mengenali Intervensi dan membatalkan pengaruhnya. Untuk melakukan ini, Sekutu mendesak kita untuk menggunakan kecerdasan asli kita dan hak kita untuk memenuhi takdir kita sebagai ras merdeka di Komunitas Besar.

Kini saatnya untuk memulai.

ADA HARAPAN BARU DI DUNIA

Harapan di dunia dihidupkan kembali oleh mereka yang menjadi kuat dengan Pengetahuan. Harapan dapat memudar dan kemudian dihidupkan kembali. Tampaknya dapat datang dan pergi, tergantung pada bagaimana orang-orang terpengaruh dan apa yang mereka pilih untuk diri mereka sendiri. Harapan ada pada Anda. Adanya Kaum Tak Terlihat di sini bukan berarti ada harapan, karena tanpa Anda, tidak akan ada harapan. Anda dan orang lain seperti Anda sedang membawa harapan baru ke dalam dunia karena Anda sedang belajar menerima karunia Pengetahuan. Ini membawa harapan baru ke dalam dunia. Mungkin Anda tidak dapat melihat hal ini sepenuhnya saat ini. Mungkin tampaknya ini di luar pemahaman Anda. Tetapi dari perspektif yang lebih besar, ini sangat benar dan sangat penting.

Munculnya dunia ke dalam Komunitas Besar berbicara tentang hal ini, karena jika tidak ada yang mempersiapkan untuk Komunitas Besar, maka harapan akan tampak memudar. Dan takdir umat manusia tampaknya akan sepenuhnya dapat diprediksi. Tetapi karena ada harapan di dunia, karena ada harapan pada Anda dan orang lain seperti Anda yang merespons panggilan yang lebih besar, takdir umat manusia memiliki janji yang lebih besar, dan kebebasan umat manusia mungkin dapat diamankan.

◆

DARI *LANGKAH-LANGKAH MENUJU PENGETAHUAN —*
PELATIHAN LANJUTAN

Perlawanan & Pemberdayaan

◆

PERLAWANAN & PEMBERDAYAAN

Etika Kontak

Pada setiap kesempatan, Sekutu mendorong kita untuk mengambil peran aktif dalam mencamkan dan menentang Intervensi luar angkasa yang terjadi di dunia kita saat ini. Ini termasuk mencamkan hak dan prioritas kita sebagai penduduk asli dunia ini dan menetapkan Aturan Keterlibatan kita sendiri tentang semua kontak saat ini dan di masa depan dengan ras-ras makhluk lain.

Melihat dunia alami dan kembali melalui sejarah manusia cukup menunjukkan kepada kita pelajaran intervensi: bahwa persaingan demi sumber daya adalah bagian integral dari alam, bahwa intervensi oleh satu budaya ke budaya lain selalu dilakukan atas kepentingan pribadi dan berdampak merusak pada budaya dan kebebasan orang-orang yang ditemukan dan bahwa yang kuat selalu mendominasi yang lemah, jika mereka bisa.

Meskipun dapat diterima bahwa ras-ras luar angkasa yang mengunjungi dunia kita mungkin merupakan pengecualian terhadap aturan ini, pengecualian semacam itu harus dibuktikan sampai tak ada keraguan, dengan memberikan umat manusia hak untuk mengevaluasi setiap proposal untuk berkunjung. Ini pastinya belum terjadi. Sebaliknya, dalam pengalaman Kontak manusia sejauh ini, otoritas dan hak kepemilikan kita sebagai penduduk asli di dunia ini telah digagalkan. Para "pengunjung" telah mengejar agenda mereka sendiri, tanpa mengindahkan persetujuan atau partisipasi terinformasi umat manusia.

Seperti yang ditunjukkan oleh baik Pengarahan Sekutu maupun banyak penelitian UFO / luar angkasa, kontak etis tidak terjadi. Walaupun mungkin pantas bagi ras asing untuk berbagi dengan kita pengalaman dan kearifan mereka dari kejauhan, seperti yang dilakukan Sekutu, tidaklah pantas bagi ras untuk datang ke sini tanpa diundang dan berusaha campur tangan dalam urusan manusia, bahkan dengan kedok membantu kita. Mengingat tingkat perkembangan umat manusia saat ini sebagai ras muda, tidaklah etis untuk melakukan ini.

Umat Manusia belum memiliki kesempatan untuk menetapkan Aturan Keterlibatannya sendiri atau menentukan batasan yang harus ditetapkan oleh setiap ras asli demi keselamatan dan keamanannya sendiri. Melakukan hal itu akan membantu menumbuhkan persatuan dan kerja sama manusia karena kita harus bersatu untuk mencapai hal ini. Tindakan ini akan membutuhkan kesadaran bahwa kita adalah satu masyarakat yang berbagi satu dunia, bahwa kita tidak sendirian di alam semesta dan bahwa perbatasan kita terhadap ruang angkasa harus didirikan dan dilindungi. Tragisnya, proses perkembangan penting ini sekarang sedang digagalkan.

Pengarahan Sekutu telah dikirim untuk mendorong persiapan umat manusia menghadapi realitas kehidupan di Komunitas Besar. Sesungguhnya pesan Sekutu kepada umat manusia adalah demonstrasi dari bagaimana sebenarnya kontak etis itu. Mereka mempertahankan pendekatan lepas tangan, menghormati kemampuan dan otoritas pribumi kita sambil mendorong kebebasan dan persatuan yang akan dibutuhkan keluarga manusia untuk menavigasi masa depan kita di Komunitas Besar. Sementara banyak orang saat ini meragukan bahwa umat manusia memiliki kuasa dan integritas untuk mengatasi kebutuhan dan tantangannya sendiri di masa depan, Sekutu meyakinkan kita bahwa kuasa ini, kuasa spiritual Pengetahuan, ada di dalam diri kita semua dan bahwa kita harus menggunakannya demi kita sendiri.

Persiapan untuk kemunculan umat manusia ke dalam Komunitas Besar telah diberikan. Dua set Pengarahan Sekutu Umat Manusia dan buku-buku Tata Cara Pengetahuan Komunitas Besar tersedia untuk pembaca di mana-mana. Mereka dapat dilihat di www.alliesofhumanity.org/id dan www.pesanbaru.org. Bersama-sama mereka menyediakan sarana untuk mengimbangi Intervensi dan untuk menghadapi masa depan kita di sebuah dunia yang berubah di ambang ruang angkasa. Ini adalah satu-satunya persiapan semacam ini di dunia saat ini. Ini adalah persiapan yang sangat dipanggil oleh Sekutu.

Menanggapi Pengarahan Sekutu, sekelompok pembaca yang berdedikasi telah membuat dokumen berjudul Deklarasi Kedaulatan Manusia. Berdasarkan model Deklarasi Kemerdekaan Amerika Serikat, Deklarasi Kedaulatan Manusia menetapkan Etika Kontak dan Aturan Keterlibatan yang kita, sebagai penduduk asli dunia, sekarang sangat butuhkan untuk menjaga kebebasan dan kedaulatan manusia. Sebagai penduduk pribumi dunia ini, kita memiliki hak dan tanggung jawab untuk menentukan kapan dan bagaimana kunjungan akan terjadi dan siapa yang boleh memasuki dunia kita. Kita harus memberitahukannya kepada semua bangsa dan kelompok di alam semesta yang menyadari keberadaan kita bahwa kita menentukan nasib sendiri dan berniat untuk menggunakan hak dan tanggung jawab kita sebagai ras yang muncul sebagai masyarakat merdeka di Komunitas Besar. Deklarasi Kedaulatan Manusia adalah awal dan dapat dibaca online di www.humansovereignty.org.

Mengambil Tindakan - Yang dapat Anda lakukan

Sekutu meminta kita untuk membela kesejahteraan dunia kita dan untuk menjadi, pada intinya, Sekutu Umat Manusia sendiri. Namun agar sejati, komitmen ini harus datang dari hati nurani kita, bagian terdalam dari diri kita. Ada banyak hal yang dapat Anda lakukan untuk mengimbangi Intervensi dan menjadi kekuatan positif dengan memperkuat diri Anda dan orang lain di sekitar Anda.

Beberapa pembaca telah menyatakan perasaan putus asa setelah membaca materi Sekutu ini. Jika ini adalah pengalaman Anda, penting untuk diingat bahwa niat Intervensi adalah untuk memengaruhi Anda untuk merasa menerima dan berharap atau tidak berdaya dan impoten terhadap kehadiran mereka. Jangan biarkan diri Anda terpengaruh. Anda menemukan kekuatan Anda dengan mengambil tindakan. Apa yang dapat Anda lakukan? Ada banyak hal yang dapat Anda lakukan.

Mendidik diri sendiri.

Persiapan harus dimulai dengan kesadaran dan pendidikan. Anda harus memiliki pemahaman tentang apa yang Anda hadapi.

Didiklah diri Anda tentang fenomena UFO / luar angkasa. Didiklah diri Anda tentang penemuan terbaru ilmu planet dan astrobiologi yang tersedia untuk kita.

BACAAN YANG DISARANKAN

- Lihat "Sumber Tambahan" di Lampiran.

Tolak pengaruh Program Pasifikasi.

Tolak Program Pasifikasi. Tolak pengaruh untuk menjadi lesu dan tidak responsif terhadap Pengetahuan Anda sendiri. Tolak Intervensi melalui kesadaran, melalui advokasi dan melalui pemahaman. Promosikan kerja sama, persatuan dan integritas manusia.

BACAAN YANG DISARANKAN

- Spiritualitas Komunitas Besar, Bab 6: "Apakah Komunitas Besar itu?" dan Bab 11: "Untuk Apakah Persiapan Anda?"
- Menjalani Tata Cara Pengetahuan, Bab 1: "Hidup di Dunia yang Sedang Muncul"

Menyadari lingkungan mental.

Lingkungan mental adalah lingkungan pemikiran dan pengaruh di mana kita semua hidup. Efeknya pada pemikiran, emosi, dan tindakan kita bahkan lebih besar daripada efek lingkungan fisik. Lingkungan mental sekarang secara langsung dipengaruhi oleh Intervensi. Yang juga dipengaruhi oleh kepentingan pemerintahan dan komersial di sekitar kita. Menyadari lingkungan mental sangat penting dalam menjaga kebebasan Anda sendiri untuk berpikir secara bebas dan jelas. Langkah pertama yang dapat Anda ambil adalah secara sadar memilih siapa dan apa yang memengaruhi pemikiran dan keputusan Anda melalui masukan yang Anda terima dari luar. Ini termasuk media, buku-buku dan teman-teman, keluarga dan tokoh-tokoh otoritas yang persuasif. Tetapkan pedoman Anda sendiri dan pelajari cara menentukan dengan jelas, dengan ketajaman dan objektivitas, apa yang dikatakan orang lain, dan bahkan budaya pada umumnya, kepada Anda. Kita masing-masing harus belajar untuk secara sadar membedakan pengaruh-pengaruh ini untuk melindungi dan mengangkat lingkungan mental tempat kita hidup.

BACAAN YANG DISARANKAN

- Kearifan dari Komunitas Besar Volume II, Bab 12: "Ekspresi Diri dan Lingkungan Mental" dan Bab 15: "Merespons Komunitas Besar"

◆

Pelajari Tata Cara Pengetahuan Komunitas Besar.

Mempelajari Tata Cara Pengetahuan Komunitas Besar membawa Anda ke dalam kontak langsung dengan pikiran spiritual yang lebih dalam yang Pencipta segala kehidupan telah tempatkan dalam diri Anda. Pada tingkat pikiran yang lebih dalam ini melampaui akal kita, pada tingkat Pengetahuan, Anda aman dari gangguan dan manipulasi kekuatan duniawi atau Komunitas Besar apa pun. Pengetahuan juga mengandung bagi Anda tujuan spiritual Anda yang lebih besar untuk datang ke dunia pada saat ini. Ini adalah pusat dari spiritualitas Anda. Anda dapat memulai perjalanan Anda dalam Tata Cara Pengetahuan Komunitas Besar hari ini dengan memulai studi Langkah-Langkah Menuju Pengetahuan online di www.pesanbaru.org

BACAAN YANG DISARANKAN

- Spiritualitas Komunitas Besar, Bab 4: "Apakah Pengetahuan itu?"
- Menjalani Tata Cara Pengetahuan: Semua bab
- Belajar Langkah-Langkah Menuju Pengetahuan: Kitab Mengetahui Batin

◆

Membentuk Kelompok Membaca Sekutu.

Untuk menciptakan lingkungan yang positif di mana materi Sekutu dapat dipertimbangkan secara mendalam, bergabunglah dengan orang lain untuk membentuk Kelompok Membaca Sekutu. Kami telah menemukan bahwa ketika orang-orang membaca Pengarahan Sekutu dan buku-buku Tata Cara Pengetahuan Komunitas Besar bersama orang lain dalam kelompok yang mendukung dan bebas untuk berbagi pertanyaan dan wawasan sambil jalan, pemahaman mereka tentang materi tumbuh secara signifikan. Ini adalah salah satu cara Anda dapat mulai menemukan orang lain yang berbagi kesadaran dan hasrat Anda untuk mengetahui kebenaran tentang Intervensi. Anda dapat mulai dengan hanya satu orang lain.

BACAAN YANG DISARANKAN

- Kearifan dari Komunitas Besar Volume II, Bab 10: "Kunjungan Komunitas Besar," Bab 15: "Merespons Komunitas Besar," Bab 17: "Persepsi Pengunjung tentang Umat Manusia," dan Bab 28: "Realitas Komunitas Besar"
- Sekutu Umat Manusia Buku Dua: Semua bab.

◆

Melestarikan dan melindungi lingkungan.

Setiap hari, kita semakin banyak belajar tentang perlunya melestarikan, melindungi, dan memulihkan lingkungan alami kita. Bahkan jika Intervensi tidak ada, ini masih akan menjadi prioritas. Namun pesan Sekutu memberikan dorongan baru dan pemahaman baru tentang perlunya menciptakan penggunaan berkelanjutan atas sumber daya alami dunia kita. Sadarilah bagaimana Anda hidup dan apa yang Anda konsumsi dan carilah apa yang dapat Anda lakukan untuk mendukung lingkungan. Sebagaimana ditekankan oleh Sekutu, swasembada kita sebagai suatu ras akan diperlukan untuk melindungi kebebasan dan kemajuan kita dalam Komunitas Besar penuh kehidupan berakal.

BACAAN YANG DISARANKAN

- Kearifan dari Komunitas Besar Volume I, Bab 14: "Evolusi Dunia"
- Kearifan dari Komunitas Besar Volume II, Bab 25: "Lingkungan"

◆

Sebarkan pesan tentang Pengarahan Sekutu Umat Manusia.

Berbagi pesan Sekutu dengan orang lain sangat penting demi alasan berikut:

— Anda membantu memecah kesunyian yang mengelilingi realitas dan momok Intervensi luar angkasa.

— Anda membantu memecah isolasi yang menghambat orang-orang terhubung satu sama lain tentang tantangan besar ini.

— Anda membangunkan orang-orang yang telah jatuh di bawah pengaruh Program Pasifikasi, memberi mereka kesempatan untuk menggunakan pikiran mereka sendiri untuk mengevaluasi kembali makna fenomena ini.

— Anda memperkuat tekad dalam diri Anda dan orang lain untuk tidak menyerah pada rasa takut atau penghindaran dalam menghadapi tantangan besar zaman kita.

— Anda mengkonfirmasi wawasan dan Pengetahuan orang lain tentang Intervensi.

— Anda membantu membangun perlawanan yang dapat menggagalkan Intervensi dan mempromosikan pemberdayaan yang dapat memberi umat manusia persatuan dan kekuatan untuk membangun Aturan Keterlibatan kita sendiri.

BEBERAPA LANGKAH KONKRET YANG DAPAT ANDA AMBIL HARI INI:

— Bagikan buku ini dan pesannya dengan orang lain. Seluruh set pengarahan pertama sekarang tersedia untuk dibaca dan diunduh tanpa biaya di situs web Sekutu: www.alliesofhumanity.org/id.

— Baca Deklarasi Kedaulatan Manusia dan bagikan dokumen berharga ini dengan orang lain. Ini dapat dibaca online dan dicetak di www.humansovereignty.org.

— Anjurkan toko buku dan perpustakaan lokal Anda untuk menyediakan kedua volume Sekutu Umat Manusia dan buku-buku lain oleh Marshall Vian Summers. Ini meningkatkan akses ke materi ini bagi pembaca lain.

— Bagikan materi dan perspektif Sekutu di forum online dan grup diskusi yang ada bilamana sesuai.

— Hadiri konferensi dan pertemuan terkait dan bagikan perspektif Sekutu.

— Terjemahkan Pengarahan Sekutu Umat Manusia. Jika Anda multibahasa, harap pertimbangkan untuk membantu menerjemahkan Pengarahan ini agar tersedia bagi lebih banyak pembaca di seluruh dunia.

— Hubungi New Knowledge Library untuk menerima paket advokasi Sekutu gratis dengan materi yang dapat membantu Anda berbagi pesan ini dengan orang lain.

BACAAN YANG DISARANKAN

- Menjalani Tata Cara Pengetahuan, Bab 9: "Berbagi Tata Cara Pengetahuan dengan Orang Lain"
- Kearifan dari Komunitas Besar Volume II, Bab 19: "Keberanian"

◆

Ini sama sekali bukan daftar lengkap. Ini hanyalah awal. Lihatlah kehidupan Anda sendiri dan lihat peluang apa yang mungkin tersedia, dan terbukalah terhadap Pengetahuan dan wawasan Anda sendiri tentang masalah ini. Selain melakukan hal-hal yang tercantum di atas, orang-orang sudah menemukan cara-cara kreatif untuk mengungkapkan pesan Sekutu — melalui seni, melalui musik, melalui puisi. Temukanlah jalan Anda.

PESAN DARI MARSHALL VIAN SUMMERS

Selama 25 tahun, saya telah terserap dalam pengalaman religius. Hasilnya adalah saya menerima kumpulan tulisan yang sangat besar tentang sifat spiritualitas manusia dan takdir umat manusia dalam panorama yang lebih besar dari kehidupan berakal di alam semesta. Tulisan-tulisan ini, yang tercakup dalam pengajaran dalam Tata Cara Pengetahuan Komunitas Besar, berisi kerangka kerja teologis yang menjelaskan kehidupan dan hadirat Tuhan di Komunitas Besar, bentangan luas ruang dan waktu yang kita kenal sebagai alam semesta kita.

Kosmologi yang saya terima mengandung banyak pesan, salah satunya adalah bahwa umat manusia sedang muncul ke dalam suatu Komunitas Besar penuh kehidupan berakal dan untuk ini kita harus mempersiapkan. Terkandung dalam pesan ini adalah pemahaman bahwa umat manusia tidak sendirian di alam semesta, atau bahkan sendirian di dunia kita sendiri, dan bahwa dalam Komunitas Besar ini, umat manusia akan memiliki teman, kompetitor, dan lawan.

Realitas yang lebih besar ini secara dramatis dikonfirmasi oleh transmisi mendadak dan tak terduga dari set pertama dari Sekutu Umat Manusia pada tahun 1997. Tiga tahun sebelumnya, pada tahun 1994, saya telah menerima kerangka kerja teologis untuk memahami Pengarahan Sekutu dalam buku saya *Spiritualitas Komunitas Besar: Wahyu Baru*. Pada titik itu, sebagai hasil kerja spiritual dan tulisan-tulisan saya, diketahui oleh saya bahwa umat manusia memiliki sekutu di alam semesta yang peduli akan kesejahteraan dan kemerdekaan masa depan ras kita.

Di dalam kosmologi yang berkembang yang telah diungkapkan kepada saya ada pemahaman bahwa, dalam sejarah kehidupan berakal di alam semesta, ras-ras yang maju secara etis memiliki kewajiban untuk mewariskan kearifan mereka kepada ras-ras muda yang sedang muncul seperti ras kita sendiri dan bahwa warisan ini harus terjadi tanpa campur tangan langsung atau turut campur dalam urusan ras muda itu. Niatnya di sini adalah untuk memberi informasi, bukan untuk campur tangan. "Warisan kearifan" ini mewakili kerangka kerja etis yang sudah ada sejak lama mengenai Kontak dengan ras yang sedang muncul dan bagaimana hal itu harus dilaksanakan. Dua set Pengarahan Sekutu Umat Manusia adalah demonstrasi yang jelas dari model Kontak tanpa campur tangan yang etis ini. Model ini harus menjadi lampu pemandu dan standar yang harus kita harapkan untuk dipegang oleh ras lain dalam upaya mereka menghubungi kita atau mengunjungi dunia kita. Namun demonstrasi Kontak Etis ini sangat kontras dengan Intervensi yang terjadi di dunia saat ini.

Kita sedang memasuki posisi kerentanan yang ekstrim. Dengan meningkatnya setiap hari momok penipisan sumber daya, degradasi lingkungan hidup, dan risiko perpecahan keluarga manusia lebih lanjut, kita matang untuk Intervensi. Kita hidup dalam apa yang tampaknya seperti isolasi di dunia yang kaya dan berharga yang didambakan oleh ras lain dari luar perbatasan kita. Kita teralihkan dan terpecah dan tidak melihat marabahaya terjadi di perbatasan kita. Ini adalah fenomena yang berulang-kali terjadi dalam sejarah mengenai nasib penduduk asli yang terisolasi yang menghadapi intervensi untuk pertama kalinya. Kita tidak realistis dalam asumsi kita tentang kekuatan dan kebaikan kehidupan berakal di alam semesta. Dan kita baru saja mulai mempertimbangkan kondisi yang telah kita ciptakan untuk diri kita sendiri dalam dunia kita sendiri.

Kebenaran yang tidak populer adalah bahwa keluarga manusia tidak siap untuk mengalami Kontak langsung dan tentu tidak siap untuk intervensi. Pertama-tama kita harus menertibkan rumah kita sendiri. Kita belum memiliki kematangan spesies untuk terlibat dengan ras lain di Komunitas Besar dari posisi persatuan, kekuatan dan ketajaman. Dan sampai kita dapat mencapai posisi seperti itu, jika kita bisa, maka seharusnya tidak ada ras yang berusaha untuk secara langsung campur tangan di dunia kita. Sekutu memberi kita kearifan dan perspektif yang sangat dibutuhkan, namun mereka tidak turut campur. Mereka memberi tahu kita bahwa nasib kita, dan seharusnya, di tangan kita sendiri. Begitulah beban kemerdekaan di alam semesta.

Namun, terlepas dari kurangnya kesiapan kita, Intervensi sedang terjadi. Umat manusia sekarang harus mempersiapkan diri untuk hal ini, ambang batas paling berkonsekuensi dalam sejarah manusia. Daripada hanya menjadi saksi biasa terhadap fenomena ini, kita berada di pusatnya. Hal ini terjadi apakah kita menyadarinya atau tidak. Hal ini memiliki kekuatan untuk mengubah hasilnya bagi umat manusia. Dan ini sangat ada hubungannya dengan siapa kita dan mengapa kita berada di dunia pada saat ini.

Tata Cara Pengetahuan Komunitas Besar telah diberikan untuk menyediakan pengajaran dan persiapan yang sekarang kita perlukan untuk menghadapi ambang besar ini, untuk memperbarui semangat manusia dan untuk menetapkan arah baru bagi keluarga manusia. Hal ini berbicara tentang kebutuhan mendesak akan persatuan dan kerja sama manusia; keutamaan Pengetahuan, kecerdasan spiritual kita; dan tanggung jawab yang lebih besar yang kini harus kita pikul di ambang batas ruang angkasa. Hal ini mewakili suatu Pesan Baru dari Pencipta segala kehidupan.

Misi saya adalah untuk membawa kosmologi dan persiapan yang lebih besar ini ke dalam dunia dan bersamanya harapan dan janji baru bagi umat manusia yang berjuang. Persiapan saya yang panjang dan pengajaran yang besar sekali dalam Tata Cara Pengetahuan Komunitas Besar ada di sini demi tujuan ini. Pengarahan Sekutu Umat Manusia hanyalah sebagian kecil dari pesan yang lebih besar ini. Kini sudah waktunya untuk mengakhiri konflik tanpa henti kita dan untuk mempersiapkan untuk hidup di Komunitas Besar. Untuk melakukannya, kita membutuhkan pemahaman baru tentang diri kita sebagai satu masyarakat — orang asli dunia ini, yang lahir dari satu spiritualitas — dan tentang posisi rentan kita sebagai ras muda yang muncul di alam semesta. Ini adalah pesan saya untuk umat manusia dan inilah sebabnya saya telah datang.

MARSHALL VIAN SUMMERS

2008

Lampiran

◆

DEFINISI ISTILAH

SEKUTU UMAT MANUSIA: Sekelompok kecil makhluk fisik dari Komunitas Besar yang tersembunyi di sekitar dunia kita di tata surya kita. Misi mereka adalah untuk mengamati, melaporkan dan menasehati kita tentang aktivitas para pengunjung alien dan intervensi di dunia saat ini. Mereka mewakili kaum arif di banyak dunia.

PARA PENGUNJUNG: Beberapa ras alien lain dari Komunitas Besar yang "mengunjungi" dunia kita tanpa izin kita yang secara aktif mencampuri urusan manusia. Para pengunjung terlibat dalam proses panjang untuk mengintegrasikan diri ke dalam jalinan dan jiwa kehidupan manusia demi tujuan mendapatkan kendali atas sumber daya dan orang-orang dunia.

INTERVENSI: Kehadiran, tujuan, dan aktivitas para pengunjung alien di dunia.

PROGRAM PASIFIKASI: Program persuasi dan pengaruh para pengunjung yang bertujuan melucuti kesadaran dan ketajaman orang-orang terhadap Intervensi agar umat manusia menjadi pasif dan patuh.

KOMUNITAS BESAR: Luar angkasa. Alam semesta fisik dan spiritual yang sangat luas di mana umat manusia sedang muncul, yang berisi kehidupan berakal dalam manifestasi yang tak terhitung jumlahnya.

KAUM TAK TERLIHAT: Malaikat Sang Pencipta yang mengawasi perkembangan spiritual makhluk berakal di seluruh Komunitas Besar. Sekutu menyebut mereka sebagai "Kaum Tak Terlihat."

TAKDIR MANUSIA: Umat Manusia ditakdirkan untuk muncul ke dalam Komunitas Besar. Ini adalah evolusi kita.

KOLEKTIF: Organisasi hierarkis yang rumit yang terdiri dari beberapa ras alien yang terikat bersama oleh kesetiaan bersama. Ada lebih dari satu kolektif yang hadir di dunia saat ini di mana para pengunjung alien ini adalah anggotanya. Kolektif-kolektif ini memiliki rencana yang bersaing.

LINGKUNGAN MENTAL: Lingkungan pemikiran dan pengaruh mental.

PENGETAHUAN: Kecerdasan spiritual yang hidup dalam diri setiap orang. Sumber dari semua yang kita ketahui. Pemahaman intrinsik. Kearifan abadi. Bagian dari diri kita yang kekal yang tidak dapat dipengaruhi, dimanipulasi atau dirusak. Potensi dalam semua kehidupan berakal. Pengetahuan adalah Tuhan di dalam diri Anda dan Tuhan adalah semua Pengetahuan di alam semesta.

TATA CARA WAWASAN: Berbagai ajaran dalam Tata Cara Pengetahuan yang diajarkan di banyak dunia di Komunitas Besar.

TATA CARA PENGETAHUAN KOMUNITAS BESAR: Sebuah ajaran spiritual dari Sang Pencipta yang dipraktikkan di banyak tempat di Komunitas Besar. Yang mengajarkan bagaimana mengalami dan mengekspresikan Pengetahuan dan bagaimana melestarikan kebebasan individu di alam semesta. Ajaran ini telah dikirim ke sini untuk mempersiapkan umat manusia demi realitas kehidupan di Komunitas Besar.

KOMENTAR TENTANG SEKUTU UMAT MANUSIA

Saya sangat terkesan dengan Sekutu Umat Manusia ... karena pesannya terasa sahih. Kontak radar, efek permukaan bumi, rekaman video dan film semua membuktikan bahwa UFO itu nyata. Sekarang kita harus mempertimbangkan pertanyaan sebenarnya: rencana dari penumpangnya. Sekutu Umat Manusia dengan keras menentang masalah ini, yang mungkin akan terbukti kritis bagi masa depan umat manusia."

— JIM MARRS, penulis
Alien Agenda and Rule by Secrecy

Mengingat puluhan tahun yang habis untuk mempelajari medium dan ufologi / ekstraterrestriologi, respons saya sangat positif terhadap Summers sebagai medium dan pesan dari sumber-sumbernya yang dilaporkan dalam buku ini. Saya sangat terkesan dengan integritas beliau sebagai manusia, sebagai roh, dan sebagai medium sejati. Dalam pesan dan sikap mereka, baik Summers maupun sumber-sumbernya dengan meyakinkan menunjukkan kepada saya suatu orientasi pelayanan sejati ke orang lain dalam menghadapi begitu banyak manusia, dan sekarang tampaknya bahkan makhluk luar angkasa, orientasi melayani ke diri. Sementara nadanya serius dan memperingatkan, pesan buku ini mempercepat semangat saya dengan janji ketakjuban yang menunggu spesies kita saat kita bergabung dengan Komunitas Besar. Pada saat yang sama kita harus menemukan dan mengakses hubungan warisan kita dengan Sang Pencipta kita untuk memastikan bahwa kita tidak terlalu dimanipulasi atau dieksploitasi oleh beberapa anggota komunitas besar dalam prosesnya."

— JON KLIMO, penulis
Channeling: Investigations on Receiving Information from Paranormal Sources

Mempelajari fenomena UFO / Penculikan Alien selama 30 tahun seperti menyatukan teka-teki menyusun potongan gambar raksasa. Buku Anda, akhirnya, memberi saya kerangka kerja untuk menempatkan potongan yang tersisa."

— ERICK SCHWARTZ,
LCSW, California

Apakah ada yang gratis di kosmos? Sekutu Umat Manusia mengingatkan kita dengan sangat keras, tidak ada."

— ELAINE DOUGLASS,
MUFON Co-direktur negara bagian, Utah

Sekutu akan memiliki gema besar di antara populasi berbahasa Spanyol di seluruh dunia. Saya dapat memastikannya! Begitu banyak orang, tidak hanya di negara saya, memperjuangkan hak mereka untuk melestarikan budaya mereka! Buku-buku Anda hanya mengkonfirmasi apa yang mereka coba sampaikan kepada kita dalam banyak cara, sejak waktu yang lama."

—INGRID CABRERA, Mexico

Buku ini sangat beresonansi dalam diri saya. Bagi saya, [Sekutu Umat Manusia] tidak lain dari suatu terobosan. Saya menghormati kekuatan-kekuatannya, baik manusia maupun lainnya, yang telah mewujudkan buku ini, dan saya berdoa agar peringatan pentingnya diindahkan."

—RAYMOND CHONG, Singapore

Banyak dari materi Sekutu yang beresonansi dengan apa yang telah saya pelajari, atau rasakan secara naluriah sebagai benar."

— TIMOTHY GOOD,
peneliti UFO Inggris, penulis
Beyond Top Secret and Unearthly Disclosure

STUDI LANJUTAN

SEKUTU UMAT MANUSIA membahas pertanyaan fundamental tentang realitas, sifat, dan tujuan dari keberadaan makhluk luar angkasa di dunia hari ini. Namun, buku ini menimbulkan lebih banyak pertanyaan yang harus dieksplorasi melalui studi lebih lanjut. Dengan demikian, ini berfungsi sebagai katalis demi kesadaran yang lebih besar dan panggilan untuk bertindak.

Untuk mempelajari lebih lanjut, ada dua jalur yang dapat diikuti oleh pembaca, baik secara terpisah maupun bersama-sama. Jalur pertama adalah studi tentang fenomena UFO / luar angkasa itu sendiri, yang telah banyak didokumentasikan selama empat dekade terakhir oleh para peneliti yang mewakili banyak sudut pandang berbeda. Di halaman-halaman berikut, kami telah membuat daftar beberapa sumber penting tentang hal ini yang kami rasa sangat relevan dengan materi Sekutu. Kami mendorong semua pembaca untuk menjadi lebih maklum mengenai fenomena ini.

Jalur kedua adalah untuk pembaca yang ingin menjelajahi implikasi spiritual dari fenomena ini dan apa yang Anda secara pribadi dapat persiapkan. Untuk ini kami merekomendasikan tulisan MV Summers yang terdaftar di halaman berikut.

Untuk tetap mendapat informasi tentang materi baru yang terkait dengan Sekutu Umat Manusia, silakan kunjungi situs web Sekutu di: www.alliesofhumanity.org/id. Untuk informasi lebih lanjut tentang Tata Cara Pengetahuan Komunitas Besar, silakan kunjungi: www.pesanbaru.org.

SUMBER TAMBAHAN

Di bawah ini adalah daftar sumber awal tentang fenomena UFO / luar angkasa. Ini tidak dimaksudkan sebagai bibliografi lengkap tentang masalah ini, melainkan tempat untuk memulai. Setelah penelitian Anda tentang realitas fenomena dimulai, akan ada semakin banyak bahan untuk Anda jelajahi, baik oleh sumber-sumber ini maupun sumber lainnya. Kebijakan selalu disarankan.

BUKU

Berliner, Don: *UFO Briefing Document*, Dell Publishing, 1995.

Bryan, C.D.B.: *Close Encounters of the Fourth Kind: Alien Abduction, UFOs and the Conference at MIT*, Penguin, 1996.

Dolan, Richard: *UFOs and the National Security State: Chronology of a Coverup*, 1941-1973, Hampton Roads Publishing, 2002.

Fowler, Raymond E.: *The Allagash Abductions: Undeniable Evidence of Alien Intervention*, 2nd Edition, Granite Publishing, LLC, 2005.

Good, Timothy: *Unearthly Disclosure*, Arrow Books, 2001.

Grinspoon, David: *Lonely Planets: The Natural Philosophy of Alien Life*, Harper Collins Publishers, 2003.

Hopkins, Budd: *Missing Time*, Ballantine Books, 1988.

Howe, Linda Moulton: *An Alien Harvest*, LMH Productions, 1989.

Jacobs, David: *The Threat: What the Aliens Really Want*, Simon & Schuster, 1998.

Mack, John E.: *Abduction: Human Encounters with Aliens*, Charles Scribner's Sons, 1994.

Marrs, Jim: *Alien Agenda: Investigating the Extraterrestrial Presence Among Us*, Harper Collins, 1997.

Sauder, Richard: *Underwater and Underground Bases*, Adventures Unlimited Press, 2001.

Turner, Karla: *Taken: Inside the Alien-Human Abduction Agenda*, Berkeley Books, 1992.

DVD

The Alien Agenda and the Ethics of Contact with Marshall Vian Summers, MUFON Symposium, 2006. Available through New Knowledge Library.

The ET Intervention and Control in the Mental Environment, with Marshall Vian Summers, Conspiracy Con, 2007. Available through New Knowledge Library.

Out of the Blue: The Definitive Investigation of the UFO Phenomenon, Hanover House, 2007.

SITUS WEB

www.humansovereignty.org

www.alliesofhumanity.org/id

www.pesanbaru.org

KUTIPAN DARI BUKU-BUKU TATA CARA PENGETAHUAN KOMUNITAS BESAR

"Anda bukan hanya seorang manusia di dunia yang satu ini. Anda adalah warga dari Komunitas Besar Dunia-Dunia. Ini adalah alam semesta fisik yang Anda kenali melalui indra Anda. Ini jauh lebih besar daripada apa yang dapat Anda pahami sekarang... Anda adalah warga dari alam semesta fisik yang lebih besar. Ini tidak hanya mengakui Garis Keturunan dan Warisan Anda, tetapi juga tujuan Anda dalam kehidupan pada saat ini, karena dunia umat manusia sedang tumbuh ke dalam kehidupan Komunitas Besar Dunia-Dunia. Hal ini diketahui oleh Anda, meskipun kepercayaan-kepercayaan Anda mungkin belum memperhitungkannya."

— *Langkah-Langkah Menuju Pengetahuan:*
Langkah 187: Saya adalah warga dari
Komunitas Besar Dunia-Dunia

"Anda telah datang ke dunia pada titik belok yang besar, suatu titik belok yang hanya sebagian saja yang akan Anda lihat dalam masa hidup Anda sendiri. Ini adalah titik belok di mana dunia Anda mendapatkan kontak dengan dunia-dunia di sekitarnya. Ini adalah evolusi alami umat manusia, sebagaimana ini adalah evolusi alami dari semua kehidupan berakal di semua dunia."

— *Langkah-Langkah Menuju Pengetahuan:*
Langkah 190: Dunia sedang muncul
ke dalam Komunitas Besar dunia-dunia
dan itulah sebabnya mengapa saya telah
datang

"Anda memiliki teman-teman besar di luar dunia ini. Itulah sebabnya mengapa umat manusia berusaha memasuki Komunitas Besar karena Komunitas Besar mewakili cakupan yang lebih luas dari hubungan-hubungan sejatinya. Anda memiliki teman-teman sejati di luar dunia karena Anda tidak sendirian di dunia dan Anda tidak sendirian di Komunitas Besar Dunia-Dunia. Anda memiliki teman-teman di luar dunia ini karena Keluarga Spiritual Anda memiliki perwakilan di mana-mana. Anda memiliki teman-teman di luar dunia ini karena Anda bekerja tidak hanya pada evolusi dunia Anda tetapi juga pada evolusi alam semesta. Di luar imajinasi Anda, di luar kemampuan konseptual Anda, hal ini dipastikan benar."

— *Langkah-Langkah Menuju Pengetahuan:*
Langkah 211: Saya memiliki
teman-teman besar
di luar dunia ini.

"Jangan menanggapi dengan harapan. Jangan menanggapi dengan rasa takut. Tanggapi dengan Pengetahuan. "

— *Kearifan dari Komunitas Besar Volume II:*
Bab 10: Kunjungan Komunitas Besar

"Mengapa ini terjadi?" Ilmu pengetahuan tidak dapat menjawabnya. Pertimbangan tidak dapat menjawabnya. Angan-angan tidak dapat menjawabnya. Perlindungan diri penuh rasa takut tidak dapat menjawabnya. Apakah yang dapat menjawabnya? Anda harus mengajukan pertanyaan ini dengan pikiran yang berbeda, melihat dengan mata yang berbeda dan memiliki pengalaman yang berbeda di sini."

— *Kearifan dari Komunitas Besar Volume II:*
Bab 10: Kunjungan Komunitas Besar

"Anda harus berpikir mengenai Tuhan sekarang dalam Komunitas Besar — bukan Tuhan manusia, bukan Tuhan dari sejarah tertulis Anda, bukan Tuhan dari cobaan-cobaan dan kesengsaraan-kesengsaraan Anda, melainkan Tuhan untuk semua masa, untuk semua ras, untuk semua dimensi, untuk mereka yang primitif dan untuk mereka yang maju, untuk mereka yang cara berpikirnya seperti Anda dan untuk mereka yang cara berpikirnya begitu berbeda, untuk mereka yang percaya dan untuk mereka di mana kepercayaan tidak dapat dijelaskan. Ini adalah Tuhan dalam Komunitas Besar. Dan di sinilah Anda harus mulai."

— *Spiritualitas Komunitas Besar:*
Bab 1: Apakah Tuhan itu?

"Anda dibutuhkan di dunia. Ini saatnya mempersiapkan. Ini saatnya menjadi fokus dan bertekad. Tidak ada jalan keluar dari ini, karena hanya mereka yang maju dalam Tata Cara Pengetahuan yang akan memiliki kemampuan di masa depan dan akan mampu mempertahankan kebebasan mereka dalam lingkungan mental yang akan semakin dipengaruhi oleh Komunitas Besar."

— *Hidup dengan Tata Cara Pengetahuan:*
Bab 6: Pilar Pengembangan Spiritual

"Tidak ada pahlawan di sini. Tidak ada orang yang disembah. Ada fondasi yang harus dibangun. Ada kerja yang harus dilakukan. Ada persiapan yang harus dijalani. Dan ada dunia yang harus dilayani."

— *Hidup dengan Tata Cara Pengetahuan:*
Bab 6: Pilar Pengembangan Spiritual

"Tata Cara Pengetahuan Komunitas Besar sedang disajikan ke dalam dunia, di mana hal ini tidak diketahui. Hal ini tidak ada sejarah dan tidak ada latar belakang di sini. Orang-orang tidak terbiasa dengannya. Hal ini tidak selalu cocok dengan gagasan, kepercayaan, atau harapan mereka. Hal ini tidak menyesuaikan diri dengan pemahaman agama dunia saat ini. Hal ini datang dalam bentuk polos — tanpa ritual dan arak-arakan, tanpa kekayaan dan kelebihan. Hal ini datang dengan murni dan sederhana. Hal ini seperti anak kecil di dunia. Tampaknya rentan, namun mewakili Realitas yang Lebih Besar dan janji yang lebih besar bagi umat manusia."

— *Spiritualitas Komunitas Besar:*
Bab 22: Di manakah Pengetahuan dapat ditemukan?

"Ada mereka di Komunitas Besar yang lebih kuat dari Anda. Mereka dapat mengakali Anda, tetapi hanya jika Anda tidak memperhatikan. Mereka dapat memengaruhi pikiran Anda, tetapi mereka tidak dapat mengendalikannya jika Anda bersama Pengetahuan."

— *Hidup dengan Tata Cara Pengetahuan:*
Bab 10: Hadir di Dunia

"Umat manusia tinggal di rumah yang sangat besar. Sebagian rumah ini terbakar. Dan ras lain berkunjung ke sini untuk menentukan bagaimana api dapat dipadamkan demi keuntungan mereka."

— *Hidup dengan Tata Cara Pengetahuan:*
Bab 11: Mempersiapkan Masa depan

"Keluarlah pada malam yang cerah dan lihat ke atas. Takdir Anda ada di sana. Kesulitan Anda ada di sana. Peluang Anda ada di sana. Penebusan Anda ada di sana."

— *Spiritualitas Komunitas Besar:*
Bab 15: Siapakah yang Melayani Umat Manusia?

"Anda tidak boleh berasumsi bahwa ada logika yang lebih besar pada ras yang lebih maju, kecuali ras tersebut kuat dengan Pengetahuan. Bahkan, mereka mungkin sama terpisahnya dengan Pengetahuan seperti Anda. Kebiasaan, ritual, struktur, dan otoritas lama harus ditantang oleh bukti akan Pengetahuan. Itulah sebabnya bahkan di Komunitas Besar, pria atau wanita Pengetahuan adalah kekuatan yang kuat."

— *Langkah-Langkah Menuju Pengetahuan:*
Tingkat Atas

"Keberanian Anda di masa depan tidak boleh lahir dari kepura-puraan, tetapi lahir dari kepastian Anda dalam Pengetahuan. Dengan cara ini, Anda akan menjadi tempat perlindungan demi kedamaian dan sumber kekayaan bagi orang lain. Inilah seharusnya bagaimana Anda. Inilah sebabnya mengapa Anda telah datang ke dunia."

— *Langkah-Langkah Menuju Pengetahuan:*
Langkah 162: Saya tidak akan takut hari ini.

"Ini bukan masa yang mudah untuk berada di dunia, tetapi jika kontribusi adalah tujuan dan niat Anda, maka ini adalah masa yang tepat untuk berada di dunia."

— *Spiritualitas Komunitas Besar:*
Bab 11: Persiapan Anda untuk apa?

"Agar Anda dapat menjalankan misi Anda, Anda harus memiliki sekutu-sekutu besar karena Tuhan tahu Anda tidak dapat melakukannya sendiri."

— *Spiritualitas Komunitas Besar:*
Bab 12: Siapakah yang Akan Anda Temui?

"Sang Pencipta tidak akan membiarkan umat manusia tanpa persiapan menghadapi Komunitas Besar. Dan untuk ini, Tata Cara Pengetahuan Komunitas Besar sedang disajikan. Yang lahir dari Kehendak Agung alam semesta. Yang dikomunikasikan melalui Malaikat alam semesta yang melayani munculnya Pengetahuan di mana-mana dan yang memupuk hubungan-hubungan yang dapat mewujudkan Pengetahuan di mana-mana. Kerja ini adalah kerja Ketuhanan di dunia, bukan untuk membawa Anda ke Ketuhanan, tetapi untuk membawa Anda ke dunia, karena dunia membutuhkan Anda. Itulah sebabnya Anda telah dikirim ke sini. Itu sebabnya Anda telah memilih untuk datang. Dan Anda telah memilih untuk datang untuk melayani dan mendukung kemunculan dunia ke dalam Komunitas Besar, karena itulah kebutuhan besar umat manusia pada masa ini, dan kebutuhan besar itu akan melebihi semua kebutuhan umat manusia di masa-masa mendatang."

— *Spiritualitas Komunitas Besar:*
Pengantar

TENTANG PENULIS

Meskipun beliau sedikit dikenal di dunia saat ini, Marshall Vian Summers pada akhirnya dapat diakui sebagai guru spiritual paling signifikan yang muncul dalam masa hidup kita. Selama lebih dari dua puluh tahun beliau telah diam-diam menulis dan mengajarkan spiritualitas yang mengakui kenyataan yang tak terbantahkan bahwa umat manusia hidup di alam semesta yang luas dan berpenghuni dan sekarang sangat perlu mempersiapkan diri demi kemunculannya ke dalam suatu Komunitas Besar penuh kehidupan berakal.

MV Summers mengajarkan bidang studi Pengetahuan, atau mengetahui batin. Kata beliau, "Intuisi kita yang terdalam hanyalah ekspresi eksternal dari kuasa besar Pengetahuan." Buku-bukunya *Langkah-Langkah Menuju Pengetahuan: Buku Mengetahui Batin*, pemenang Book of the Year Award 2000 untuk Spiritualitas di Amerika Serikat, dan *Spiritualitas Komunitas Besar: Sebuah Wahyu Baru* bersama-sama membentuk suatu fondasi yang dapat dianggap sebagai "Teologi Kontak." Seluruh isi karyanya, sekitar dua puluh jilid, hanya segelintir yang saat ini diterbitkan oleh New Knowledge Library, mungkin sekali mewakili beberapa ajaran spiritual paling asli dan maju yang muncul dalam sejarah modern. Beliau juga pendiri Society untuk Tata Cara Pengetahuan Komunitas Besar, organisasi keagamaan nirlaba.

Dengan *Sekutu Umat Manusia,* Marshall Vian Summers mungkin menjadi guru spiritual utama pertama yang mengeluarkan peringatan yang jelas tentang sifat sebenarnya dari Intervensi yang sekarang terjadi di dunia, menyerukan tanggung jawab pribadi, persiapan, dan kesadaran kolektif. Beliau telah mengabdikan hidupnya untuk menerima Tata Cara Pengetahuan Komunitas Besar, sebuah karunia untuk umat manusia dari Sang Pencipta. Beliau berkomitmen untuk membawa Pesan Baru ini dari Tuhan ini ke dalam dunia. Untuk membaca tentang Pesan Baru secara online, silakan kunjungi www.pesanbaru.org.

TENTANG SOCIETY

Society untuk Tata Cara Pengetahuan Komunitas Besar memiliki misi besar di dunia. Sekutu Umat Manusia telah menyajikan masalah Intervensi dan semua ancamannya. Menanggapi tantangan genting ini, sebuah solusi telah diberikan dalam pengajaran spiritual yang disebut Tata Cara Pengetahuan Komunitas Besar. Pengajaran ini memberikan perspektif dan persiapan spiritual Komunitas Besar yang akan dibutuhkan umat manusia untuk mempertahankan hak kedaulatan kita dan untuk secara berhasil mengambil posisi kita sebagai dunia yang muncul ke dalam alam semesta yang lebih besar penuh kehidupan berakal.

Misi Society adalah untuk menyajikan Pesan Baru ini kepada umat manusia melalui publikasi, situs web internet, program pendidikan dan layanan kontemplatif dan retret. Sasaran Society adalah untuk mengembangkan para pria dan wanita Pengetahuan yang akan menjadi pelopor perintis persiapan Komunitas Besar di dunia saat ini dan mulai mengimbangi dampak Intervensi. Para pria dan wanita ini akan bertanggung jawab untuk menjaga Pengetahuan dan kearifan tetap hidup di dunia seiring meningkatnya perjuangan demi kebebasan umat manusia. Society didirikan pada tahun 1992 sebagai organisasi keagamaan nirlaba oleh Marshall Vian Summers. Dengan berjalannya waktu selama bertahun-tahun, sekelompok siswa yang berdedikasi telah berkumpul untuk secara langsung membantu beliau. Society telah didukung dan dikelola oleh para siswa inti yang berdedikasi ini yang berkomitmen untuk membawa kesadaran dan persiapan spiritual baru ke dunia. Misi Society memerlukan dukungan dan partisipasi lebih banyak orang. Mengingat gentingnya kondisi dunia, ada kebutuhan mendesak untuk Pengetahuan dan persiapan. Karena itu, Society memanggil pria dan wanita di mana pun untuk membantu kami menyampaikan karunia Pesan Baru ini kepada dunia pada titik belok kritis ini dalam sejarah kita.

Sebagai organisasi keagamaan nirlaba, Society telah didukung sepenuhnya melalui kegiatan sukarela, zakat dan kontribusi. Namun, meningkatnya kebutuhan untuk menjangkau dan mempersiapkan orang-orang di seluruh dunia melampaui kemampuan Society untuk memenuhi misinya. Anda dapat menjadi bagian dari misi besar ini melalui kontribusi Anda. Bagikan pesan Sekutu dengan orang lain. Bantu meningkatkan kesadaran akan fakta bahwa kita adalah satu masyarakat dan satu dunia yang muncul ke dalam arena kehidupan berakal yang lebih besar. Jadilah seorang siswa Tata Cara Pengetahuan. Dan jika Anda berada dalam posisi untuk menjadi dermawan bagi upaya luar biasa ini atau jika Anda mengenal seseorang, silakan hubungi Society. Kontribusi Anda diperlukan sekarang untuk memungkinkan penyebaran pesan kritis Sekutu di seluruh dunia dan untuk membantu mengubah keadaan umat manusia.

◆

"Anda berdiri di ambang menerima
sesuatu yang terbesar,
sesuatu yang dibutuhkan di dunia—
sesuatu yang sedang ditransfer
ke dunia dan diterjemahkan ke dalam
dunia.

Anda termasuk yang pertama
yang akan menerima ini.

Terimalah dengan baik."

SPIRITUALITAS KOMUNITAS BESAR

THE SOCIETY FOR THE GREATER COMMUNITY
WAY OF KNOWLEDGE

P.O. Box 1724 • Boulder, CO 80306-1724

(303) 938-8401, fax (303) 938-1214

society@newmessage.org

www.alliesofhumanity.org/id www.pesanbaru.org

TENTANG PROSES PENERJEMAHAN

Utusan Marshall Vian Summers, telah menerima sebuah Pesan Baru dari Tuhan sejak tahun 1983. Pesan Baru dari Tuhan adalah Wahyu terbesar yang pernah diberikan kepada umat manusia, yang sekarang diberikan kepada sebuah dunia terpelajar dengan komunikasi global dan kesadaran global yang meningkat. Yang tidak diberikan untuk satu suku, satu bangsa atau satu agama saja, melainkan untuk menjangkau seluruh dunia. Yang membutuhkan penerjemahan ke dalam sebanyak mungkin bahasa.

Proses turunnya Wahyu sekarang sedang diungkapkan untuk pertama kalinya dalam sejarah. Dalam proses yang luar biasa ini, Hadirat Tuhan berkomunikasi melampaui kata-kata kepada Majelis Kemalaikatan yang mengawasi dunia. Majelis kemudian menerjemahkan komunikasi ini ke dalam bahasa manusia dan berbicara semua sebagai satu melalui Utusan mereka, yang suaranya menjadi sarana bagi Suara yang lebih agung ini — Suara Wahyu. Kata-kata tersebut diucapkan dalam bahasa Inggris dan langsung direkam dalam bentuk audio, kemudian ditranskripsikan dan disediakan dalam teks dan rekaman audio Pesan Baru. Secara ini, kemurnian Pesan asli Tuhan dipertahankan dan dapat disampaikan kepada semua orang.

Namun ada proses penerjemahan juga. Karena Wahyu asli disampaikan dalam bahasa Inggris, ini adalah dasar untuk semua terjemahan ke banyak bahasa umat manusia. Karena ada banyak bahasa yang digunakan di dunia kita, terjemahan sangat diperlukan untuk membawa Pesan Baru kepada orang-orang di mana-mana. Dengan berjalannya waktu para siswa dari Pesan Baru telah tampil untuk secara sukarela menerjemahkan Pesan ini ke dalam bahasa asli mereka.

Pada saat ini dalam sejarah, Society tidak mampu membayar penerjemahan dalam begitu banyak bahasa dan untuk Pesan yang begitu luas, sebuah Pesan yang harus menjangkau dunia dengan urgensi kritis. Di luar itu, Society juga percaya bahwa penting bagi para penerjemah kami untuk menjadi siswa dari Pesan Baru untuk memahami dan mengalami, sebanyak mungkin, esensi dari apa yang sedang diterjemahkan.

Mengingat urgensi dan kebutuhan untuk berbagi Pesan Baru ke seluruh dunia, kami mengundang bantuan penerjemahan lebih lanjut untuk memperluas jangkauan Pesan Baru ke dunia, membawa lebih banyak wahyu ke dalam bahasa-bahasa di mana terjemahan telah dimulai dan memperkenalkan bahasa-bahasa baru juga. Lambat laun, kami juga berupaya meningkatkan kualitas terjemahan ini. Masih sangat banyak yang harus dikerjakan.

Buku-Buku Pesan Baru dari Tuhan

God Has Spoken Again
(Tuhan Telah Berfirman Kembali)

The One God (Tuhan Yang Esa)

The New Messenger (Utusan Tuhan yang Baru)

The Greater Community (Komunitas Besar)

The Journey to a New Life
(Perjalanan Menuju Kehidupan yang Baru)

The Power of Knowledge (Kuasa Pengetahuan)

The New World (Dunia Baru)

The Pure Religion (Agama Murni)

Greater Community Spirituality
(Spiritualitas Komunitas Besar)

Steps to Knowledge
(Langkah-Langkah Menuju Pengetahuan)

Relationships & Higher Purpose
(Hubungan & Tujuan yang Lebih Tinggi)

Living The Way of Knowledge
(Hidup dengan Tata Cara Pengetahuan)

Life in the Universe (Kehidupan di Alam Semesta)

The Great Waves of Change
(Gelombang-Gelombang Besar Perubahan)

WISDOM FROM THE GREATER COMMUNITY I & II
(KEARIFAN DARI KOMUNITAS BESAR I & II)

SECRETS OF HEAVEN (RAHASIA SURGA)

THE ALLIES OF HUMANITY BOOKS ONE, TWO, THREE & FOUR
(SEKUTU UMAT MANUSIA BUKU SATU, DUA & TIGA & EMPAT)

www.ingramcontent.com/pod-product-compliance
Lightning Source LLC
Chambersburg PA
CBHW022018090426
42739CB00006BA/189

* 9 7 8 1 9 4 2 2 9 3 8 6 6 *